SOMMAIRE

PRÉFACE

« Bien que tous les hommes soient égaux, certains sont plus égaux que d'autres », disait George Orwell. L'affirmation de soi, née avec la contre-culture américaine des années 60-70, cherche à résoudre le problème social de la dominance-soumission en prenant le parti du perdant. Elle s'enracine dans une conception démocratique des relations humaines. Alberti et Emmons (1970), qui ont écrit le premier ouvrage sur le sujet, l'ont ainsi définie : « C'est un comportement qui permet à une personne d'agir au mieux de son intérêt, de défendre son point de vue sans anxiété exagérée, d'exprimer avec sincérité et aisance ses sentiments et d'exercer ses droits sans dénier ceux des autres. » L'affirmation de soi peut se résumer à sept messages principaux :

1. Soyez respecté par les autres.
2. Affirmez vos droits.
3. Ne cherchez pas à être toujours aimé par tous.
4. Ayez une image positive de vous-même.
5. Luttez contre la dépression en agissant.
6. Affrontez les autres.
7. Peu importe l'échec, l'important est de s'affirmer.

Mais il faut souligner la relativité de l'affirmation de soi. Elle varie suivant les cultures. Les cultures orientales valorisent la politesse et les stratégies relationnelles qui sauvent la face de chacun. Les cultures occidentales depuis les années 70 valorisent l'égocentrisme. Cette tendance égocentrique serait actuellement tempérée par le retour du conformisme social adaptatif et la recherche du consensus. Les cultures « sudistes » valorisent le « machisme » qui est une norme culturelle mal acceptée dans les pays du Nord où il sera perçu comme une forme d'agressivité. À l'intérieur d'une même culture, il existe aussi des différences liées au contexte social. Un coup de poing peut être adaptatif dans une banlieue où il faut se faire respecter ou devenir une victime, alors qu'un haussement de sourcil peut être de trop dans un conseil d'administration guindé, où une longue périphrase obséquieuse sera bienvenue pour signifier à autrui ses limites.

Ainsi, trois facteurs doivent être pris en compte pour définir une affirmation de soi adéquate : la description du comportement verbal et non-verbal, l'intention du sujet, et le contexte social dans lequel le comportement a lieu. Il ne s'agit donc pas de transformer un timide en une personne perpétuellement agressive, revendicative et égocentrique, mais de permettre des contacts sociaux satisfaisants et égalitaires. S'affirmer n'est pas frimer, mais construire des relations positives avec les autres.

Les premiers travaux français sur l'affirmation de soi remontent aux années 70, mais ils étaient restés dans le domaine spécialisé. C'est donc la première fois qu'un livre écrit par un Français fait le point pour le grand public sur le sujet. Le livre de Charly Cungi est tout à la fois un guide pratique qui permettra à chacun de comprendre son propre problème d'affirmation de soi et aussi un livre-thérapie qui aidera chacun à s'affirmer. Comme il le souligne à la fin de ce livre, les cas les plus difficiles pourront bénéficier d'une thérapie comportementale et cognitive en groupe ou individuelle. Mais, avant toute chose, l'ouvrage de Charly Cungi montre à quel point l'affirmation de soi est un problème quotidien que nous pouvons choisir de prendre en main, plutôt que de subir la volonté des autres.

Docteur Jean Cottraux

Psychiatre des hôpitaux,
chargé de cours à l'université Lyon I
Unité de traitement de l'anxiété,
hôpital neurologique, CHU de Lyon.

INTRODUCTION

Ce livre est fait pour les timides qui n'osent pas assez, les agressifs qui osent trop, et pour tout un chacun, qui à un moment ou un autre n'a pas assez ou trop osé...

S'affirmer c'est savoir, sans émotion excessive, demander ou refuser, savoir engager la conversation, verbaliser ses idées et ses sentiments lorsque c'est nécessaire, tout en gardant (ou en améliorant) une bonne relation avec l'interlocuteur.

Le manque d'affirmation de soi se traduit souvent par un comportement inhibé, parfois par un comportement agressif ou par une alternance de comportement inhibé et de comportement agressif. Si cela se répète trop souvent chez une personne, cette dernière obtiendra moins de choses concrètes et verra sa relation avec autrui se dégrader. La qualité de vie s'en ressent et, fréquemment, apparaît un sentiment d'insatisfaction et d'injustice. Une évolution dépressive n'est pas rare.

Les difficultés d'affirmation de soi peuvent toucher tous les secteurs de la vie relationnelle : contacts banals, loisirs, travail et intimité.

S'affirmer s'apprend et s'apprend même très bien. Plusieurs études scientifiques ont démontré la très grande efficacité de l'entraînement à la communication et à l'affirmation de soi et l'impact particulièrement favorable sur les personnes concernées, dans tous les domaines de leur vie. La méthode a été employée dans le traitement des troubles anxieux, comme la timidité, dans les états dépressifs, mais également pour des problèmes beaucoup plus graves comme la réhabilitation sociale des personnes souffrant de schizophrénie. L'affirmation de soi est actuellement de plus en plus employée dans d'autres domaines que la médecine et la psychologie : le milieu du travail, les techniques commerciales, l'enseignement et la pédagogie.

On peut même penser que la pratique de l'affirmation de soi est utile pour tout le monde. La méthode pourrait à notre avis faire partie de l'éducation de base dès l'enfance.

Le but du présent ouvrage est de permettre cet apprentissage par soi-même. Sa lecture complétera également de manière intéressante une formation ou une thérapie. Enfin, les professionnels, psychologues, médecins, éducateurs, infirmiers et personnel paramédical trouveront certainement matière à réflexion et pratique.

La première partie décrit ce qu'est l'anxiété sociale, autrement dit la réaction de peur dans les situations relationnelles. Cette peur est fréquente. En fait, tout le monde, à un degré plus ou moins important, en souffre ou en a souffert. La façon dont l'anxiété sociale naît et se développe est expliquée de manière détaillée. Comprendre ce qu'est l'anxiété, l'angoisse, se reconnaître dans ces concepts permet de mieux savoir comment faire pour guérir.

Nous traitons ensuite de la communication. Il s'agit d'un thème très vaste et ne seront donc abordés que les principes utiles pour l'affirmation de soi. Bien communiquer a une importance majeure dans la relation humaine. Comprendre comment faire et comment s'entraîner sont les points essentiels que nous développerons.

La deuxième partie traite de manière complète de l'affirmation de soi et du manque d'affirmation de soi. Les concepts théoriques et les méthodes sont exposés précisément et d'une manière rapidement utilisable.

La troisième partie, destinée aux professionnels ou à toutes personnes désirant en savoir plus, donne des références détaillées sur la méthode thérapeutique et complète utilement l'ouvrage.

Tout au long du livre vous retrouverez des exemples typiques facilitant la compréhension, et des exercices que vous pourrez faire afin de vérifier votre progression.

L'affirmation de soi n'est pas un trait de caractère. Il s'agit d'un comportement qui s'apprend. Comme pour tout apprentissage, il est recommandé de pratiquer souvent en commençant par les situations les plus faciles. Progressivement vous pourrez aborder les problèmes plus difficiles. Suivez bien le mode d'emploi, ne vous découragez pas et les résultats vous surprendront !

Je souhaite au lecteur d'avoir autant de plaisir à utiliser ce livre que j'en ai eu à l'écrire !

PARTIE

I

LES DIFFICULTÉS RELATIONNELLES

CHAPITRE

1

L'ANXIÉTÉ SOCIALE

L'anxiété◆ sociale est la peur que nous ressentons dans les situations relationnelles. La timidité en est un bon exemple.

◆ *L'anxiété est l'ensemble des manifestations psychologiques, physiques et comportementales correspondant à la peur, avec une intensité moindre que celle de l'angoisse.*

Lorsque vous hésitez à vous adresser à une personne ou que vous évitez de parler en public, lorsque vous avez tendance à rougir ou à vous sentir mal à l'aise en présence des autres et qu'il vous semble que ce que vous dites est « bête », ou bien que vous n'arrivez pas à parler, que vous transpirez et que votre cœur bat trop vite, vous souffrez d'anxiété sociale.

Toutes les situations relationnelles peuvent entraîner ce malaise ou bien seulement certaines d'entre elles. Par exemple, on peut se sentir très mal dans une soirée avec des amis et bien dans une réunion de travail, ou inversement.

Parfois, ce sont les groupes qui posent problème, parfois les situations individuelles. Parfois, ce sont les relations avec les personnes que vous connaissez peu, parfois les relations avec les personnes que vous connaissez bien.

Quand quelqu'un éprouve une forte anxiété dans un grand nombre de situations relationnelles, nous dirons qu'il souffre de phobie sociale généralisée. Lorsque seulement certaines situations sont concernées, nous dirons qu'il s'agit d'une phobie sociale spécifique◆.

◆ *On dit qu'une phobie sociale est spécifique quand une seule situation relationnelle est concernée (par exemple la peur de rougir en public).*

Exemples

Virginie a tendance à rougir dès que quelqu'un lui adresse la parole, surtout quand on lui demande son avis ou qu'on lui pose des questions. Elle se « sent rougir » au niveau du visage et pense que tout le monde la regarde. Cela s'accompagne d'un sentiment de malaise général et son cœur bat vite et fort. Virginie évite de plus en plus les situations concernées et même craint tellement de rougir qu'elle s'attend à avoir ce symptôme avant même qu'il apparaisse.

Charles a beaucoup de mal pour demander des renseignements. Il a toujours peur de gêner ou de ce que les autres pensent de lui. Il n'ose pas sortir d'un supermarché sans rien acheter de peur d'être interpellé par un vendeur et d'être pris pour un voleur...

Bertrand travaille depuis douze ans dans son entreprise et est apprécié par tout le monde. Il n'a jamais eu d'augmentation de salaire alors que presque tous les collègues du magasin ont reçu des primes et de meilleurs salaires. Il n'ose pas faire une demande d'augmentation de peur de mécontenter le directeur. L'idée de demander entraîne chez lui un malaise important et une pensée : « Je n'oserai jamais, il va me prendre pour un profiteur ! »

Dans chacun des exemples ci-dessus, un point essentiel à retenir est l'importance accordée au *regard*, au *jugement de l'autre* sur soi-même ou son comportement◆. En général, quand quelqu'un a cette peur, il craint beaucoup le ridicule !

◆ *Il s'agit de ce que le sujet fait et qui est observable, soit par lui même, soit par autrui.*

Tout le monde, bien sûr, ressent de l'anxiété sociale et c'est quand elle devient trop importante ou paralysante, et surtout lorsque beaucoup de situations sont concernées, que l'on en souffre. Il devient alors très important de la traiter.

Comment devient-on anxieux ?

L'anxiété, l'angoisse ne sont pas spécifiques de l'espèce humaine. Tous les animaux sont concernés. Il s'agit d'un signal de danger déclenchant un ensemble de réactions physiologiques◆ dont le but est de faire un effort bref et intense en général destiné à sauver sa vie : la fuite ou le combat.

◆ *C'est l'ensemble des modifications physiques que nous ressentons particulièrement dans les émotions : rythme cardiaque, tremblement, bouffées de chaleur, sensations de malaise etc.*

Par exemple une souris à qui on présente un chat fait une attaque de panique. Entre autres manifestations, son coeur bat très vite, beaucoup plus de sang arrive aux muscles et ces derniers peuvent se contracter davantage afin de donner une meilleure efficacité à la fuite.

Lorsque cette souris n'est plus en présence du chat, elle continue à se méfier et est prête pour une nouvelle alerte. Dans le cas de l'attaque de panique, nous parlerons d'angoisse, et dans le cas de la méfiance, d'anxiété.

La seule différence notable entre l'anxiété ou l'angoisse◆ chez l'être humain et l'animal est qu'un être humain est beaucoup plus organisé dans le temps. Il a la notion du passé, du présent et de l'avenir. Si la souris précédemment décrite était un homme, celui-ci, dès qu'il aurait échappé au chat, attendrait que ce dernier revienne ! C'est ce que nous appelons l'*anticipation*◆. Un sujet souffrant d'anxiété anticipe pratiquement toujours les malheurs qu'il craint et cela contribue certainement de manière importante au maintien du trouble.

◆ C'est l'ensemble des manifestations psychologiques, physiques et comportementales correspondant à une peur intense et diffuse.

◆ Il s'agit des pensées prévoyant l'avenir. Les personnes souffrant d'anxiété vont plutôt anticiper les risques plutôt que les avantages.

Dans le cadre de l'anxiété sociale, l'anticipation porte surtout sur « ce que les autres vont penser ».

L'angoisse est donc un signal se déclenchant dans les situations censées être dangereuses pour l'individu. Un certain nombre de ces situations sont probablement « programmées ». Par exemple, presque tous les enfants ont peur des gros animaux qui « peuvent les manger » alors que les adultes craignent davantage les petits animaux, particulièrement les araignées ou les reptiles... Nos ancêtres ont peut-être eu quelques problèmes avec ces prédateurs. De même, beaucoup d'entre nous craignent la nuit et l'orage comme d'ailleurs d'autres espèces animales. Ces réactions de peur ont été appelées phobies préparées[1] et correspondraient à la préservation de l'espèce.

En dehors de ces situations stéréotypées, le déclenchement du signal d'angoisse dépend de l'*apprentissage*◆.

◆ C'est l'ensemble des processus d'acquisition d'automatismes, au niveau du comportement, de la pensée et de l'affect.

D'une manière générale, même si cela peut paraître surprenant au premier abord, on peut dire que nous apprenons à être anxieux comme nous apprenons à marcher, à parler, ou à faire de la bicyclette ! Si un enfant est élevé avec des parents timides, n'osant pas affronter les autres, il y a de fortes chances pour que cet enfant apprenne à être timide.

D'une manière différente, imaginons des parents très protecteurs, ne faisant pas assez confiance aux capacités de leur enfant pour affronter les autres. Dans ce cas, les parents auront souvent tendance à faire les choses à la place de leur enfant et ce dernier ne développera pas assez ses propres aptitudes sociales. Il risque de ne pas avoir confiance dans ses propres capacités !

Un autre cas de figure est celui dans lequel les comportements d'affirmation de soi◆ sont punis ou mal jugés par les autres. Par exemple si un enfant est rabroué ou puni quand il exprime un avis, il apprend à ne pas donner son avis !

◆ C'est l'ensemble des compétences d'un individu pour obtenir des choses concrètes et une bonne relation avec autrui.

Cette liste des façons « d'apprendre l'anxiété sociale » n'est bien sûr pas limitative et ne s'applique pas uniquement à la relation parents-enfant. Toutes les situations sociales (école, travail, loisir...) sont concernées. Par ailleurs, les traits culturels jouent un grand rôle dans l'éducation que nous recevons, et il est évident que la façon de grandir en Afrique est très différente de celle de grandir en Suède...

1. Seligman, M.E.P., 1971.
(Les références numérotées renvoient à la bibliographie placée à la fin de l'ouvrage.)

Exemples

Martin, étudiant en médecine, est un homme de 28 ans particulièrement timide, surtout avec les filles. Ses parents sont eux-mêmes très timides et d'autre part très pudiques. La sexualité n'a jamais été abordée avec Martin et les quelques questions qu'il a pu poser ont entraîné une réaction de colère du père et de gêne chez la mère : « On ne doit pas parler de ces choses ! » Dès qu'une personne du sexe opposé adresse la parole à Martin, il se sent « bête », rougit et n'ose plus rien dire.

Jocelyne est une femme de 35 ans qui doute beaucoup de ses capacités. Elle craint le jugement des autres et toujours d'avoir mal fait. Son père, militaire de carrière, est autoritaire et ne remarque que ce qui est mal fait. En outre, il trouve très rarement que quelque chose va bien. Sa mère est timide et pense qu'il ne faut jamais contrarier son mari.

Sébastien est le fils unique de commerçants aisés mais très occupés. Il a été en pension dans une institution religieuse dès 11 ans. Il était plutôt petit et n'osait jamais s'affirmer, d'autant plus que les « grands » commandaient et punissaient. Quand il essayait de parler de ses problèmes à son directeur de conscience, celui-ci le culpabilisait davantage... À 50 ans, les souvenirs de cette époque sont toujours présents et Sébastien continue de rester le plus discret possible.

Ces exemples montrent comment quelqu'un apprend à être anxieux dans les situations relationnelles. Les comportements de timidité, de retrait ont souvent été, à une époque donnée de la vie d'un individu, un moyen de s'adapter au contexte familial et social en général. Ces réactions étaient probablement la meilleure solution dans les circonstances concernées mais ne sont plus adéquates plus tard. Le déclenchement de l'anxiété reste. « Les habitudes sont une seconde nature[2] », avait déjà remarqué saint Augustin.

Comment le problème se maintient-il ?

Si une personne présente une anxiété sociale, elle aura tendance à éviter les situations relationnelles concernées. Les compétences sociales◆ ne se développent donc pas, ce qui augmente l'inquiétude. La boucle est bouclée (fig. 1) !

◆ *Ce sont les « savoir-faire » dans la relation.*

Au fur et à mesure que le temps passe, le sujet concerné (fig. 2) verra son anxiété sociale augmenter, sauf dans les situations qu'il est obligé d'affronter. Par exemple, un enseignant ou un comédien sont obligés d'apprendre à parler en public et développent en conséquence cette aptitude. Cela ne veut d'ailleurs pas dire que dans les autres situations relationnelles leur malaise diminue.

Les compétences qu'on développe sont celles qu'on entraîne. La solution du problème d'anxiété sociale est donc *l'exposition progressive aux*

2. Saint Augustin (354-430), « contre Julien ».

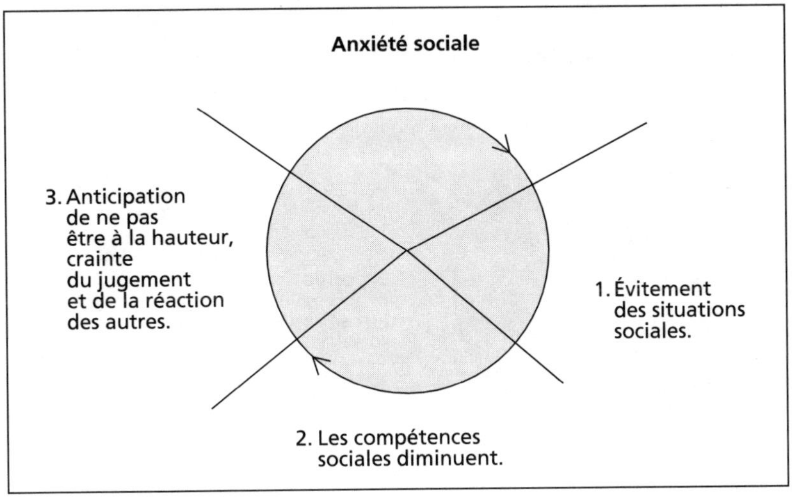

Figure 1 : Le cercle vicieux de l'anxiété sociale.

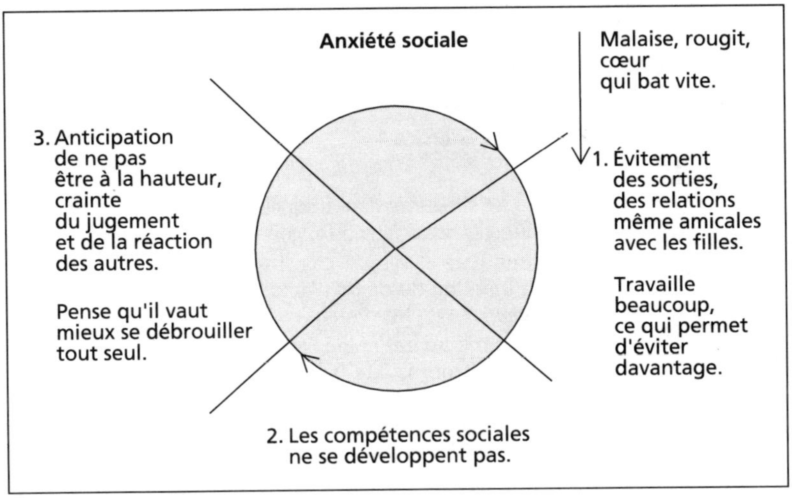

Figure 2 : Le cas de Martin, étudiant en médecine, travailleur et timide.

situations relationnelles au fur et à mesure que des compétences sociales sont apprises et entraînées.

Cela permet de modifier le cercle vicieux précédemment décrit (fig. 3).

Dans ce livre, nous abordons en détail les méthodes pour acquérir davantage de compétences sociales et se sentir de plus en plus à l'aise avec les autres.

Comme dans tout apprentissage, deux pièges sont repérables :
- trop éviter les situations sociales,
- vouloir aller trop vite.

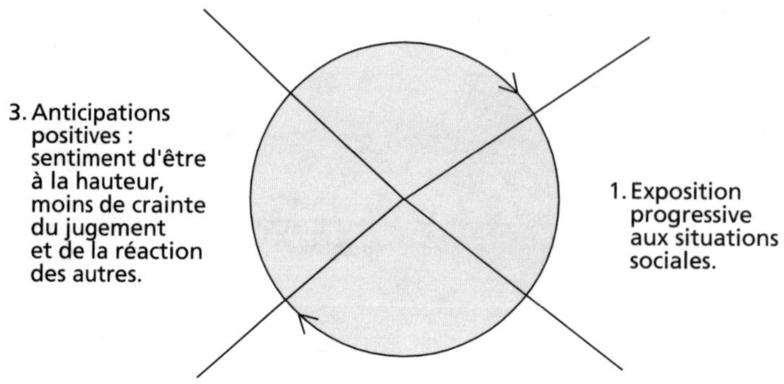

Figure 3 :
Le cercle vicieux

Imaginez que vous désiriez apprendre à patiner sur la glace. Il ne faudrait pas rester sur le bord de la patinoire, ni se prendre pour un champion olympique ! Dans le premier cas, vous n'apprendrez jamais à patiner mais vous risquez de vous sentir dévalorisé. Dans le second cas, vous risquez de vous décourager mais en plus de vous faire mal.

En affirmation de soi, c'est exactement la même chose.

Exercice 1

Observer

Observez les situations dans lesquelles vous vous sentez anxieux ou angoissé.

Faites une liste et rangez ces situations en fonction du degré d'anxiété qu'elles suscitent chez vous.

Pour cela, attribuez une note à l'anxiété que vous ressentez, de 0 (aucune anxiété) à 10 (une angoisse maximum).

Cette méthode vous donnera une idée de l'ordre dans lequel vous allez vous exposer progressivement en commençant par la situation la plus facile.

Exemple :

Demander un renseignement à un collègue de travail	3/10
Demander un service	6/10
Refuser un service	9/10
Parler en public	10/10
Demander une augmentation	10/10
Assister à une réception	10/10

CHAPITRE

2

LA COMMUNICATION EFFICACE

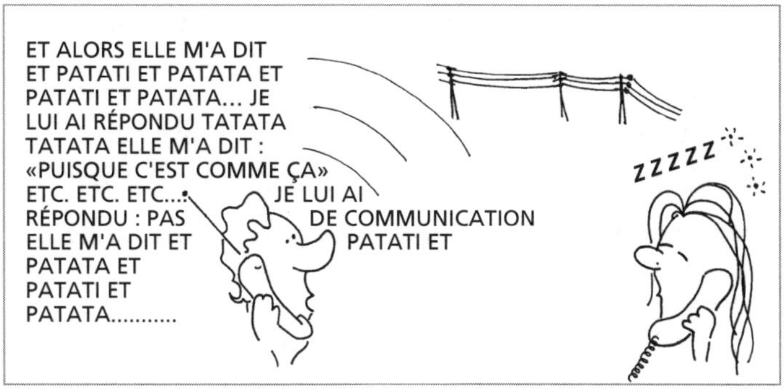

Notre siècle a vu se développer des moyens de communiquer de plus en plus performants. Il est possible de joindre et de parler à un interlocuteur situé à des milliers de kilomètres en quelques secondes. Nous recevons chaque jour des informations provenant de la planète entière par différents médias de plus en plus efficaces. Cette évolution extrêmement rapide n'a cependant pas amélioré la qualité des rapports humains. Les plaintes concernant l'isolement et les problèmes de communication sont de plus en plus fréquentes et cela est probablement dû au profond changement intervenant dans notre société.

De nombreuses hypothèses ont été faites concernant ce paradoxe : plus d'outils et pourtant plus de problèmes de communication. Il est inutile pour notre propos de les exposer de manière exhaustive. Nous en retiendrons une : il y a à peine cent ans, un individu naissait en général dans un village et tout le monde le connaissait. Son avenir était la plupart du temps bien défini ainsi que les modes relationnels quotidiens, ce qu'il fallait faire et ce qu'il ne fallait pas faire. Les certitudes étaient plus nombreuses, les parents par exemple élevaient leurs enfants avec des principes bien établis. La structure familiale et sociale donnait un « mode d'emploi » précis laissant peu de place aux dérives individuelles. Aujourd'hui les choses sont bien moins claires : les familles sont souvent dispersées (50 % des couples divorcent en région parisienne) et l'isolement devient extrêmement important. En moins d'un siècle, nous sommes passés schématiquement de la vie en groupe dans une même unité de lieu (une maison dans laquelle tout le monde est proche) où presque tous les comportements et les modes de pensée étaient définis, à une vie individuelle en face d'une télévision déversant un flot continu d'informations, dans laquelle chacun a à construire ses propres concepts de vie relationnelle... Le choc est formidable !

Il n'est pas nécessaire ici d'étudier les différentes explications de ce phénomène. Il est en revanche très utile de comprendre *comment fonctionne la communication* et de proposer une méthode pour l'améliorer quand cela est nécessaire pour l'affirmation de soi, c'est-à-dire en pratique presque toujours...

Il s'agit d'une question de « bon sens » : pour savoir quoi et comment demander ou répondre, il est indispensable d'être « sur la même longueur d'onde » avec l'interlocuteur. Autrement dit, écouter et verbaliser de manière à être compris sont essentiels pour bien communiquer et s'affirmer. Ces compétences sont à perfectionner constamment.

Comment fonctionne la communication ?

Nous nous contenterons pour notre propos de répondre à une question double : qu'est ce qu'une *bonne communication* et comment s'installe une *mauvaise communication* ?

Une communication est bonne quand *le message émis correspond au message reçu*. Nous dirons qu'il existe une ou des distorsions✦ quand *le message émis par un individu ne correspond pas à celui reçu par l'autre ou les autres.*

✦ On appelle distorsion du message, le fait que le message émis par quelqu'un soit différent de celui reçu par l'autre. Une distorsion du message peut déjà exister entre ce que quelqu'un pense et ce qu'il dit, puis entre ce que quelqu'un reçoit comme message et comment il le comprend.

Dans l'exemple ci-contre, sont illustrés les trois niveaux de distorsion possibles :

1. entre ce que la jeune femme pense et ce qu'elle dit ;
2. au niveau des interférences possibles dans le milieu extérieur entre la jeune femme et le jeune homme ;
3. entre le message parvenant au jeune homme et la façon dont il l'interprète.

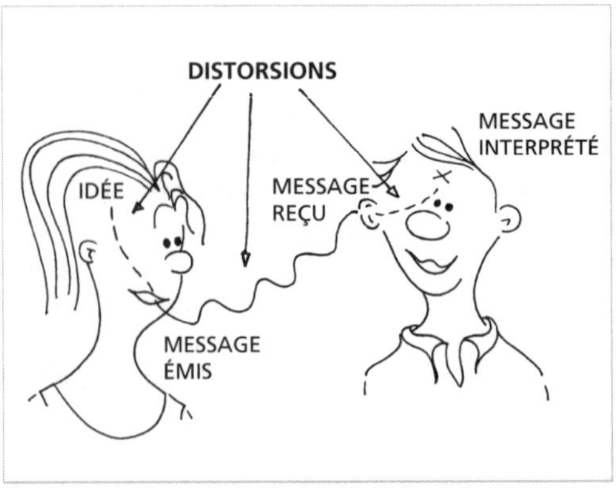

Ce schéma est inspiré de Shannon. *Cf.* Shannon C., Weaver, W.

Par exemple, dans l'illustration proposée ci-dessous, la dame verbalise ce qu'elle pense de telle manière que le monsieur reçoit un message opposé.

Cette différence est la conséquence :
▷ de la part de la dame, d'une verbalisation imprécise, accompagnée de composantes non-verbales inadaptées au message qu'elle souhaite faire passer ;
▷ de la part du monsieur, du fait qu'il va percevoir surtout ce qu'il s'attend à recevoir, c'est-à-dire que sa vente se réalise !

Comment mesurer votre niveau de communication ?

L'échelle suivante est un bon moyen d'évaluer votre niveau de communication. Il est conseillé de remplir cette grille avant entraînement, puis chaque mois. Cela donnera une bonne idée de l'évolution de votre communication au fur et à mesure de votre pratique.

Échelle du niveau de communication

Scores	1	2	3	4	5	6	7	8
1. Je me sens à l'aise dans les situations relationnelles								
2. Je regarde facilement la personne qui me parle ou à qui je parle								
3. Je parle assez fort pour être entendu								
4. Je parle assez distinctement pour être compris								
5. Je souris facilement								
6. J'ai une attitude ouverte (posture générale)								
7. Je peux me rapprocher physiquement des personnes à qui je parle, quand cela est souhaitable, sans éprouver de gêne								
8. J'écoute l'interlocuteur sans l'interrompre								
9. Je vérifie souvent si j'ai bien compris ce que l'autre a dit								
10. Je vérifie souvent si l'autre a bien compris mon message								

Notez à quel point chacune des propositions suivantes vous correspond :

1. Pas du tout
2. Très peu
3. Un peu
4. Assez
5. Moyennement
6. Bien
7. Très bien
8. Parfaitement

Total

Plus votre score est élevé, plus votre communication est bonne. Un score moyen de 34 a été retrouvé dans une population souffrant d'anxiété sociale.

Quelles sont les composantes de la communication ?

Lorsque nous émettons un message, nous le faisons à l'aide bien sûr du langage verbal✦, mais également avec des composantes non verbales comme la façon de regarder, le sourire, les gestes. Le langage verbal correspond au *contenu du discours* et obéit à un vocabulaire, des règles de grammaire précises. Il s'agit là de la partie digitale✦ du message[1] nommée ainsi en référence au langage informatique.

Le langage non-verbal comprend tous les éléments avec lesquels le message est émis, et qui participent de manière très importante au sens : de manière générale, la façon dont le message est émis est perçue comme « plus vraie » que le contenu lui-même. Il s'agit de la composante analogique✦ de la communication, extrêmement influencée par l'éducation et la culture dans laquelle nous vivons, et dont le sens varie beaucoup en fonction des interprétations de chacun d'entre nous.

✦ *C'est la composante du message correspondant au contenu. Ce sont donc les mots, les phrases. Le contenu obéit à des règles grammaticales et à une logique précise ; nous dirons qu'il est digital.*

✦ *On appelle communication digitale la partie verbale du message.*

✦ *On appelle la partie non verbale du message communication analogique.*

Comment améliorer votre niveau de communication ?

Comment améliorer la partie digitale du message ?

Souvent, nous avons tendance à exprimer les choses par allusion, indirectement ou bien de manière compliquée en utilisant beaucoup de mots inutiles. Les verbes au conditionnel trop souvent employés obscurcissent parfois le message.

La première formulation de l'exemple ci-dessous augmente les risques de ne pas être compris et laisse libre cours aux interprétations de l'interlocuteur.

Il est donc important d'exprimer ce que l'on pense *le plus directement, le plus précisément et le plus simplement possible* afin de diminuer le risque de distorsion.

De plus il faut savoir, dans la mesure du possible, *ne transmettre que peu d'informations à la fois.* En effet, la plupart du temps, notre interlocuteur ne

Exemple

« Il ne fait pas très beau, qu'en penses-tu ? Peut-être pourrions-nous faire quelque chose ensemble. Par exemple, aller au cinéma cet après-midi. J'ai envie de voir un bon film... » Alors que la personne veut dire : « J'ai envie de passer l'après-midi avec toi, es-tu d'accord ? »

Exercice 2

Observer

Observez la façon dont les personnes de votre entourage expriment leur message. Quand est-il exprimé directement et précisément ? Quand est-il exprimé par allusion ou indirectement ou de manière trop compliquée ?

Quelles sont les conséquences de l'expression indirecte ou par allusion sur la compréhension du message ?

Quelles sont les conséquences de l'expression directe et précise sur la compréhension du message ?

S'entraîner

Par écrit, entraînez-vous à exprimer une ou des idées, de la manière la plus directe et précise possible.

Séparez bien les idées afin de ne pas les exprimer toutes à la fois. Organisez et rangez les idées de la manière la plus logique possible.

Oralement, entraînez-vous à exprimer le plus précisément, le plus directement et simplement possible vos idées. Veillez à ce que le non-verbal reste bien adapté au sens de votre message.

Vous pouvez utiliser un magnétophone afin de mieux évaluer vos progrès.

1. *Cf.* Watzlawick, P., et *al*, 1977.

retiendra pas tout ce que nous transmettons quand plus de trois idées sont communiquées dans un temps court.

Exprimer ce que nous pensons *le plus directement, le plus précisément et le plus simplement possible, ne transmettre que peu d'informations à la fois* sont deux conseils très pertinents pour améliorer la qualité de la communication.

▶ Comment améliorer la partie analogique de la communication ?

Les principales composantes de la communication analogique sont *le contact visuel, la mimique faciale, la voix, la posture générale, la distance interpersonnelle.* Chacun de ces éléments participe de manière importante au message et peut en transformer complètement le sens.

Prendre conscience de l'*impact des éléments non-verbaux dans le sens du message*, avoir une *bonne connaissance de notre propre comportement non-verbal* et le modifier si nécessaire, observer la façon habituelle dont *nous interprétons celui de nos interlocuteurs* est très précieux pour mieux s'affirmer.

Étant donné l'importance pratique de la communication analogique, nous allons aborder plus précisément chacune des composantes citées ci-dessus.

Améliorer le contact visuel

Exercice 3

Observer

Observez la façon dont le regard est utilisé par des personnes que vous rencontrez.

Repérez une personne ayant un regard fuyant.

Que pensez-vous spontanément de cette personne, quel effet a sur vous cette façon de regarder ?

Quelles sont les différentes façons d'expliquer autrement ce type de regard ?

Quelle est l'explication qui vous paraît la plus probable ?

Repérez une personne regardant dans les yeux quand on lui parle.

Que pensez-vous de cette personne, quel effet a sur vous cette façon de regarder ?

Quelles sont les différentes façons d'expliquer autrement ce type de regard ?

Quelle est l'explication qui vous paraît la plus probable ?

Repérez une personne ayant un regard fixe.

Que pensez-vous de cette personne, quel effet a sur vous cette façon de regarder ?

Quelles sont les différentes façons d'expliquer autrement ce type de regard ?

Quelle est l'explication qui vous paraît la plus probable ?

À quelle personne aurez-vous tendance à faire davantage confiance ?

Quelle est la personne qui vous mettra le plus mal à l'aise ?

Avec quelle personne vous sentez-vous le plus à l'aise ?

Quel est à votre avis le rôle du regard de cette personne dans votre sentiment ?

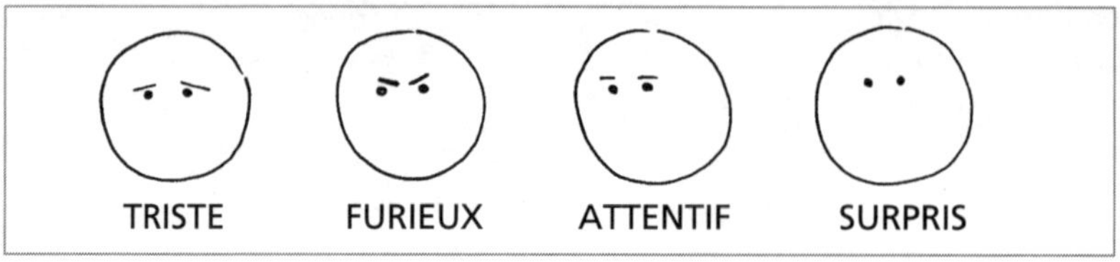

Le regard parle, mais parfois il ne transmet pas le bon message :
« Mon cœur, qu'avec raison votre discours étonne,
N'entend pas que mes yeux fassent mal à personne ;
Et si dans quelque chose ils vous ont outragé,
Je puis vous assurer que c'est sans mon congé[2] »

Les manières de regarder dans la communication varient considérablement selon les cultures. En Europe, de manière générale, quelqu'un regardant dans les yeux est plutôt jugé comme sûr de lui et digne de confiance. Quelqu'un ayant du mal à regarder est jugé comme peu sûr alors qu'il s'agit plutôt d'un signe de timidité !

Dans d'autres pays, les interprétations peuvent être très différentes : par exemple, transmettre l'agressivité, la menace, le manque de politesse...

Le plus souvent cependant le contact visuel est chargé en émotions ; il peut être « méprisant », « honteux », « compréhensif », « amoureux », « haineux », etc., et une très petite variation dans la façon de faire modifie totalement le sens du message.

Se sentir plus à l'aise avec le regard est important.

Une première étape est de prendre conscience, comme dans l'exercice précédent, de ses propres automatismes de jugement et de les remettre en question si c'est nécessaire. Juger très rapidement quelqu'un sur un comportement ou un détail est très courant mais souvent trompeur... Nous avons en effet presque tous tendance à nous méfier *a priori* et beaucoup d'entre nous se défendent avant même d'être attaqués. Cela est très rapide ! Il est très probable que la relation avec l'autre en soit considérablement influencée.

Se demander simplement si le regard fuyant de mon interlocuteur ne serait pas plus un signe de timidité qu'un signe de malveillance change parfois beaucoup les choses. Les questions utiles sont :

« Dans ce contexte, quelles sont les différentes explications possibles de ce type de regard pour cette personne ? »

« Quelle est l'explication qui me paraît la plus probable ? »

Exemple

Virginie regarde souvent de manière fuyante. Il est difficile d'entrer en contact visuel avec elle et cela met souvent mal à l'aise l'interlocuteur. Ce dernier pense souvent « qu'elle est fausse, qu'il faut se méfier ».

2. Molière, *L'Étourdi*, Acte I, scène 2.

Et enfin : « Comment mon jugement et mes sentiments évoluent-ils après ces questions ? »

▷ « Dans ce contexte, quelles sont les différentes explications possibles de ce type de regard pour cette personne ? »
   1. On ne peut pas lui faire confiance.
   2. Elle a des problèmes.
   3. Elle est timide.
   4. Elle est gênée par le contact visuel.

▷ « Quelle est l'explication qui me paraît la plus probable ? »
   Elle est timide, elle est gênée par le contact visuel.

▷ « Comment mon jugement et mes sentiments évoluent-ils après ces questions ? »

   Il est impossible pour moi de juger pour le moment si je peux faire confiance à Virginie, mais le fait de la penser plutôt timide que peu sûre me la rend plus sympathique.

Une seconde étape est d'observer sa propre façon d'utiliser le regard (Quand est-ce que je regarde ? Est-ce que mon regard est gênant pour l'autre ? Quelles sont les difficultés que je ressens ?). Cette observation peut être directe, en situation, mais également être faite sur des bandes vidéo-enregistrées quand vous en avez l'occasion. Vous pouvez également demander à une ou des personnes en qui vous avez confiance, de vous aider à décrire comment « fonctionne » votre contact visuel et *quels sont les points à modifier pour mettre l'interlocuteur à l'aise.*

Enfin une troisième étape consiste à s'entraîner aux modifications nécessaires. Dans le cadre de l'affirmation de soi, il est intéressant de regarder l'interlocuteur :

▷ *lorsqu'il parle* afin d'avoir une attitude d'écoute ;
▷ quand nous désirons *souligner* un passage de notre discours ;
▷ quand nous *passons la parole* à l'interlocuteur.

Il n'est ainsi pas nécessaire de *maintenir en permanence le contact visuel* quand nous parlons, d'autant plus que cela entraîne souvent une difficulté de concentration chez soi-même et risque de gêner l'autre. Regarder « ailleurs » pour chercher ses idées

Exercice 4

S'entraîner

Entraînez-vous à regarder votre interlocuteur dans les yeux quand il vous parle. Si cela est difficile, il suffit de regarder la forme globale du visage, ou bien une autre partie comme le front : *la personne en face de vous ne peut pas distinguer si vous regardez ses yeux ou un autre élément de son visage.*

Si c'est nécessaire, faites-le progressivement, sans vous décourager, en vous rapprochant des yeux. Vous parviendrez, après plusieurs essais, à maintenir le contact visuel sans être gêné.

Entraînez-vous à regarder votre interlocuteur quand vous lui donnez la parole et quand vous attendez une réponse.

Entraînez-vous à regarder votre interlocuteur de temps en temps quand vous parlez et particulièrement quand vous désirez souligner un passage important.

et se concentrer est souvent plus facile pour le dialogue. En revanche, regarder l'interlocuteur quand j'écoute encourage ce dernier à continuer.

Améliorer sa mimique faciale

Ce que dévoile notre visage joue un rôle important dans la communication. La mimique faciale montre si je suis contrarié ou si je suis satisfait, si je suis gêné ou à l'aise. Le sourire ou l'absence de sourire en est l'élément le plus remarquable : « Plus le visage est sérieux, plus le sourire est beau[3]. »

On parle souvent d'un sourire chaleureux ou d'un sourire « qui en dit long », d'un sourire provoquant, ou timide, et même parfois d'un sourire triste !

Comme le montrent les visages schématisés ici, une toute petite variation dans la façon de sourire ou de ne pas sourire modifie beaucoup le sens du message.

Sourire et regard sont synergiques. L'un ne va pas sans l'autre, aussi les conseils donnés plus haut pour le contact visuel sont applicables au sourire.

Exercice 5

Observer

Observez chez les personnes que vous rencontrez la présence ou l'absence de sourire en fonction des circonstances. Quel impact cela a-t-il sur ce que vous ressentez et pensez de ces personnes ?

Observez des circonstances dans lesquelles le sourire a facilité la communication, et, inversement, des circonstances dans lesquelles le sourire a aggravé les choses.

Pour vous même, observez les circonstances dans lesquelles vous avez tendance à sourire, les circonstances dans lesquelles vous ne souriez pas. Quelles sont les conséquences sur la relation avec les autres ?

Une première étape est de se demander si le sourire « inquiétant « ou « faux « de votre interlocuteur ne serait pas plus un signe de timidité qu'un signe de malveillance. Cela change parfois beaucoup les choses. Les questions utiles sont :

« Dans ce contexte, quelles sont les différentes explications possibles de ce type de sourire pour cette personne ? »

« Quelle est l'explication qui vous paraît la plus probable ? »

Et enfin : « Comment votre jugement et vos sentiments évoluent-ils après ces questions ? »

Une deuxième étape est d'observer votre façon de sourire ou de ne pas sourire dans différentes circonstances, ainsi que l'influence que cela a sur la communication. Se servir de bandes vidéo-enregistrées est très utile.

3. Chateaubriand, F. R., *Mémoires d'outre-tombe*, XXIII, 10.

Dans quelles situations mon sourire ou mon absence de sourire est-il adapté ? Quand et avec qui est-ce que je me sens à l'aise quand je souris ? Inversement, quand mon sourire est-il inadapté, et quand suis-je mal à l'aise ?

En repérant ces différentes situations et comportements, il sera plus facile de savoir quoi améliorer.

Une troisième étape consiste à entraîner ce qui est utile dans votre façon de sourire. Pour cela il faut savoir que :

De manière générale, le sourire met à l'aise l'interlocuteur et facilite le contact. L'absence de sourire met donc plus mal à l'aise et rend plus difficile le contact.

Le sourire peut être très mal perçu quand :
▷ vous recevez une critique ;
▷ face à un interlocuteur en colère.

Il est intéressant de sourire de manière adaptée aux circonstances :
▷ pour engager la conversation, et faciliter les échanges ;
▷ quand vous faîtes un compliment ou quand vous en recevez un ;
▷ pour remercier.

Exercice 6

S'entraîner

Entraînez-vous à sourire quand vous remerciez, quand quelqu'un vous complimente, quand vous désirez engager le dialogue. Employez le sourire de manière adaptée à ce que vous pensez (par exemple, si une personne est sympathique) et observez les conséquences sur la relation avec l'autre.

Améliorer sa voix

Exercice 7

Observer

Dans votre entourage, observez les personnes parlant fortement, celles parlant faiblement.

À votre avis quelle est l'influence de cette façon de parler sur ce que vous pensez de ces personnes, en fonction des circonstances ?

Quel est l'effet d'un volume sonore trop fort ? Quel est l'effet d'un volume sonore trop faible ?

Observez votre propre volume sonore en fonction des circonstances et les conséquences sur le sens du message. Quelles sont les difficultés que vous rencontrez ? L'utilisation de bandes audiophoniques ou vidéophoniques peut être utile.

Une voix transmet l'émotion et exprime les sentiments. Elle peut être vibrante, plaintive, affirmée, triste, colérique, joyeuse, haineuse, amoureuse, etc.

« Un beau visage est le plus beau de tous les spectacles ; et l'harmonie la plus douce est le son de la voix de celle que l'on aime[4]. »

Le chant est le meilleur exemple. Une belle voix, simplement par la modulation employée, communique bien plus que ce que nous pourrions faire uniquement de manière digitale.

Quatre éléments participent à la voix : *le volume sonore, le timbre, le débit verbal, l'articulation.*

Le volume sonore

Le volume sonore augmente en général avec la colère et diminue avec la peur. Dans notre société, quelqu'un parlant avec un volume sonore suffisant pour être entendu sera plutôt jugé comme sûr de lui, et s'il parle trop fort comme colérique. Quelqu'un parlant avec un volume sonore faible sera souvent jugé comme timide et peu sûr.

Parler avec un *volume adapté aux situations* est souhaitable et facilite la clarté du message. Il est évident que parler très fort à côté d'un marteau pilon ne transmettra pas le même message que le même volume sonore dans une bibliothèque !

Exercice 8

S'entraîner

Entraînez-vous à avoir un volume sonore suffisant pour être entendu mais pas plus que nécessaire, dans différentes situations de la vie courante. Repérez les difficultés que vous avez et adaptez le volume aux circonstances.

Considérez que vous disposez d'un bouton de réglage sur lequel vous agissez de la même manière que sur votre radio.

Si vous le jugez bon, utilisez un magnétophone.

Le timbre

Exercice 9

Observer

Observez le rôle du timbre de la voix dans la façon de parler des personnes de votre entourage.

Que pensez-vous des personnes parlant de manière grave et monocorde ?

Que pensez-vous des personnes dont le timbre de voix est aigu ?

Que pensez-vous des personnes modulant leur timbre de voix en fonction des circonstances ?

Observez votre propre timbre de voix et l'influence sur le message en différentes circonstances.

Quel est le timbre de voix avec lequel vous vous sentez le plus à l'aise et dans quelles circonstances ?

Quelles sont les situations entraînant chez vous un timbre de voix plus aigu ?

Quelles sont les situations entraînant un timbre de voix plus grave ?

Le timbre de voix correspond à l'utilisation des graves, des aigus, et leur modulation.

En général, un timbre de voix grave induit plus le calme qu'un timbre de voix aigu. Inversement, la colère, ainsi que la joie, favorisent plutôt

4. La Bruyère, J. de, *les Caractères.*

les aigus. Un timbre monocorde devient rapidement ennuyeux voire somnifère...

Tout l'art est donc de moduler son timbre de voix, en utilisant les graves et les aigus de manière adaptée au contexte. Parler plus gravement quand le calme est nécessaire, de manière plus aigu dans les conversations animées entre amis...

Un autre élément entre en jeu : les femmes ont, en général, un timbre de voix plus aiguë. Leur message sera souvent plus vite interprété dans le sens de l'irritation et de la colère ou de la joie de vivre ! Dans un cas comme dans l'autre, ce n'est pas toujours le reflet de la réalité. Au contraire les hommes ont un timbre de voix plus grave. Cela sera jugé parfois comme plus sécurisant... Ce n'est également pas toujours le cas !

Chacun d'entre nous aura donc à moduler son timbre de voix non seulement en fonction des situations, mais également de sa féminité ou de sa masculinité.

Exercice 10

S'entraîner

Apprenez à jouer avec votre voix, à l'utiliser depuis les graves jusqu'aux aigus. Cela peut être très amusant. Utilisez un magnétophone si cela est possible.

Adaptez le timbre sonore aux circonstances que vous rencontrez : parlez plus gravement quand le calme et le sérieux sont nécessaires, laissez-vous aller aux aigus dans les réunions amicales, etc.

Exercice 11

Observer

Quel effet a sur vous une personne parlant trop vite ?

Quel effet a sur vous une personne parlant trop lentement ?

Quel est votre débit verbal, quand s'accélère-t-il, quand ralentit-il ?

Le débit verbal et l'articulation

Certains d'entre nous parlent trop vite, d'autres trop lentement. D'autres encore articulent mal, et cela peut retentir sur la clarté du message. Il ne faut d'ailleurs pas exagérer l'importance de ce point sur la communication de tous les jours. Que quelqu'un parle vite ou lentement, le plus souvent le message reste assez compréhensible. De même quelqu'un peut souffrir d'un défaut d'articulation ou d'un bégaiement sans que le retentissement sur la communication soit très important ! Dans ce dernier cas, c'est plutôt « le complexe » intériorisé par la personne qui est source de problème !

▶ Les émotions influencent beaucoup le débit verbal et l'articulation. Si quelqu'un est irrité ou anxieux, il aura souvent tendance à parler plus vite et à moins bien articuler. Inversement, la fatigue et le découragement correspondent à un débit lent et monocorde coexistant parfois avec une articulation moins bonne et un volume sonore trop faible.

Le débit verbal est le plus souvent lié à l'articulation des mots. Plus l'articulation est bonne, plus les mots sont bien distincts, plus le débit verbal est adapté et la communication bonne.

Quand la compréhension du message est altérée, il est intéressant de s'entraîner à parler de manière distincte.

▶ Le plus souvent les personnes parlant vite sont jugées plutôt anxieuses et peuvent provoquer de l'irritation chez l'interlocuteur.

Un débit verbal trop lent entraîne fréquemment une diminution de l'attention chez l'interlocuteur et parfois également de l'irritabilité. En pratique il est souhaitable, dans le cadre de l'affirmation de soi, de *s'entraîner à articuler de telle manière que chaque mot prononcé soit bien compris par l'autre.*

> **Exercice 12**
>
> **S'entraîner**
>
> Concentrez-vous sur l'articulation des mots que vous prononcez, vérifiez quel est l'impact sur le débit verbal. L'utilisation d'un magnétophone permettra un meilleur entraînement et un meilleur suivi de votre évolution. Apprenez à articuler de la manière la plus confortable pour vous, et la plus compréhensible pour l'autre.

Améliorer la posture générale et la distance interpersonnelle

Les gestes, la façon de s'asseoir et de se tenir debout, d'être plutôt voûté ou droit constituent la posture générale. On parlera souvent d'attitude ouverte ou fermée, de dynamisme ou de mollesse à propos de la posture.

La distance interpersonnelle, c'est-à-dire la plus ou moins grande proximité entre deux personnes au cours d'une relation, donnera parfois lieu à des jugements comme : il est « collant » ou distant, « il ne veut pas se mélanger » ; ou bien, inversement, il est chaleureux, il aime le contact... Roland Barthes a écrit : « Le langage est une peau : je frotte mon langage contre l'autre »[5]. Il est facile de retourner la métaphore : toucher ou ne pas toucher, être distant ou proche constitue un langage.

> **Exercice 13**
>
> **Observer**
>
> **O**bservez la posture et les gestes des personnes de votre entourage (ceux qui font beaucoup de gestes, ceux qui restent statiques, ceux qui sont proches, ceux qui restent loin). Quelle est l'influence sur la qualité de la communication ?
> Comment jugez-vous ces personnes par rapport à leur posture et à la distance à laquelle elle se tiennent par rapport à l'interlocuteur ?
> Recherchez les différentes façons d'expliquer ces comportements. Quelle est l'explication qui vous paraît la plus probable ? Comparez votre première idée à l'explication la plus probable.
>
> **O**bservez votre propre façon de vous tenir et de bouger au cours de la communication. Cela peut se faire directement ou bien à l'aide de films vidéo dans lesquels vous apparaissez.
> Quels sont les gestes et les distances avec lesquels vous êtes à l'aise ? Inversement, quels sont les gestes et les distances qui vous rendent mal à l'aise ?
> Quelles sont les situations ou les personnes qui induisent chez vous des gestes ou des distances avec lesquels vous êtes mal à l'aise ?
>
> **O**bservez à quelle distance se parlent les personnes de votre entourage. Quelle est la distance à laquelle vous vous sentez le plus à l'aise en face de votre interlocuteur ?
> Comment varie cette distance en fonction des personnes et des situations ? Quand est-il utile pour vous de toucher votre interlocuteur, quand est-il utile de ne pas le faire ?

5. Barthes, R., *Fragments d'un discours amoureux*, 1977.

Une personne peut donc avoir une attitude générale plus ouverte sur l'extérieur ou plus fermée, peut faire beaucoup de gestes ou rester plus statique. Ces attitudes seront bonnes ou mauvaises en fonction du contexte : parfois il est utile de bouger, parfois non.

Le plus souvent dans notre culture, *adopter une attitude plus ouverte et utiliser des gestes adaptés favorisent la communication.* Rester trop statique ou être trop remuant augmente le risque de distorsion.

La distance interpersonnelle est en général *optimale quand vous vous sentez à l'aise en face* de votre interlocuteur et varie en fonction des situations et des personnes. Dans certains cas, il est très utile d'aller jusqu'à toucher son interlocuteur et, dans d'autres cas, d'en être assez éloigné. Parfois cette règle est fausse. Par exemple, une personne souffrant de surdité aura tendance à se rapprocher afin de mieux entendre, et cela peut créer une situation inconfortable...

Exercice 14

S'entraîner

Essayez d'adopter plusieurs postures différentes dans des situations de communication (bras et jambes croisés, ou décroisés, debout ou assis). Utilisez des gestes pour appuyer votre message en observant quel est l'impact sur la communication.

Amusez-vous à utiliser chez vous toute la palette des gestes qui peuvent vous passer par l'esprit : faites l'Italien, l'Anglais, l'Allemand, l'Espagnol... et même le Français !

Mimez les gens que vous connaissez. Cela permet différentes façons de jouer avec sa posture.

En situation, choisissez les postures dans lesquelles vous vous sentez le mieux.

En situation, rapprochez-vous ou éloignez-vous de votre interlocuteur de manière à vous sentir à l'aise. Vérifiez si votre interlocuteur paraît également à l'aise quand la distance vous convient.

Comment écouter ?

Comme l'écrit Beaumarchais : « D'écouter, c'est pourtant ce qu'il y a de mieux pour bien entendre. »[6]

Pour savoir quoi répondre (ou ne pas répondre) à quelqu'un, il faut avoir bien compris son message. Ce principe n'est pourtant pas toujours respecté...

En effet, chacun d'entre nous perçoit en priorité ce qu'il craint de percevoir, puis ce qu'il s'attend à percevoir, et, ensuite seulement, les choses nouvelles. Le message que nous recevons est donc pratiquement toujours interprété en fonction de nos craintes et de nos attentes.

Ce phénomène est extrêmement rapide et souvent totalement inconscient. Les exemples ne manquent pas :

6. Beaumarchais, *le Barbier de Séville*, acte II, scène 10.

▷ Les témoignages par rapport à un événement varient parfois de manière très importante alors que chaque témoin est persuadé que ce qu'il a vu ou entendu est vrai !
▷ Une personne craignant une remarque négative interprétera les regards des autres et leur discours en fonction de sa crainte. À partir de cette façon de percevoir, elle pourra se sentir souvent menacée.
▷ Lorsque vous achetez une nouvelle voiture, vous remarquez très souvent beaucoup de voitures identiques autour de vous, alors qu'avant vous les voyiez très peu.
▷ En général, un heureux mari verra un nombre incroyable de femmes enceintes autour de lui, si son épouse est elle-même enceinte, alors qu'habituellement il ne les remarquait pas.

Écouter est une compétence indispensable à entraîner.

Exercice 15

Observer

Observez les personnes de votre entourage dans les conversations courantes.

Repérez les moments où elles n'écoutent plus.

Repérez quand ces personnes interrompent l'interlocuteur.

Repérez les distorsions du message (quand la personne comprend autre chose que ce qui est émis par l'interlocuteur).

Inversement, repérez les personnes qui écoutent et dont la compréhension du message correspond à ce que dit l'interlocuteur.

Quelles sont les conséquences d'une mauvaise écoute sur le dialogue ?

Quelles sont les conséquences d'une bonne écoute sur le dialogue ?

Observez chez vous même les pensées qui vous passent par l'esprit quand vous écoutez un interlocuteur ou même la radio, la télévision. Quel est leur rôle dans l'interprétation du message que vous recevez ?

Repérez les situations dans lesquelles vous avez du mal à écouter.

Repérez les situations dans lesquelles il est facile pour vous d'écouter.

Repérez les situations dans lesquelles vous pensez avoir compris avant que l'autre n'ait parlé...

Quelles sont les conséquences d'une mauvaise écoute sur le dialogue ?

Quelles sont les conséquences d'une bonne écoute sur le dialogue ?

▶ Qu'est-ce que l'écoute ?

Si nous reprenons les définitions concernant la communication, une bonne écoute est telle que *le message reçu par une personne correspond au message émis* par l'autre. Une mauvaise écoute est telle que *le message reçu par une personne est différent de celui émis* par l'autre.

Une bonne écoute a donc pour but d'augmenter les chances d'une bonne réception et de diminuer le risque de distorsion.

Plusieurs manières d'écouter peuvent être décrites.

La première correspond à celle que nous avons avec la radio. Les informations, la musique parviennent à nos oreilles en un flot continu dont nous retenons seulement quelques éléments en fonction de leur intérêt ou de la façon dont ils ont été mis en valeur par le journaliste. Souvent nous avons le même type d'écoute dans les conversations dont le contenu ne nous parvient que très incomplet, sauf si nous faisons un gros effort d'attention. J'appellerai cette façon de faire *écoute flottante*. Dans ce cas, le sujet qui écoute ne participe pas à la conversation en l'encourageant ou en donnant son avis. Il se comporte comme un magnétophone, mais bien moins performant !

L'écoute flottante comporte un très gros risque de distorsion du message.

En fait, dès que nous nous concentrons davantage sur ce que nous entendons, plusieurs comportements non-verbaux apparaissent, même lorsqu'il s'agit de l'écoute de la radio. Ce sont par exemple « tendre l'oreille », des mimiques faciales, des hochements de tête, de petits mots d'approbation ou de désapprobation, le fait de regarder l'interlocuteur. J'appellerais cette seconde façon de se comporter *écoute partici-*

Exercice 16

Observer et s'entraîner

Écoutez attentivement un texte enregistré sur une cassette. Écrire ce que vous avez entendu.
Comparez ensuite ce que vous avez écrit et le contenu de la cassette. Répétez l'exercice avec le même texte, puis des textes différents jusqu'à ce que message émis et reçu correspondent.

Exercice 17

Observer et s'entraîner

Observez les différentes composantes non-verbales correspondant à une écoute participante chez les personnes de votre entourage.

Quelles sont les conséquences de ce type d'écoute sur les conversations ?

Quelles sont les conséquences de l'absence d'écoute participante sur les conversations ?

Observez chez vous-même les conséquences d'un comportement d'écoute participante de votre interlocuteur sur ce que vous pensez et sur vos émotions.

Quelles sont les conséquences sur la poursuite de la conversation ?

Inversement, observez les conséquences, au niveau de votre pensée et de vos émotions, d'un comportement d'écoute flottante de votre interlocuteur (quelqu'un qui ne participe pas à ce que vous dites, qui ne vous encourage pas à parler...).

Quelles sont les conséquences sur la poursuite de la conversation ?

Dans une conversation, ne regardez pas l'interlocuteur qui vous parle. Quelles sont les conséquences sur la conversation ?

Faites la même expérience en n'encourageant pas du tout l'interlocuteur à l'aide de petits hochements de tête, d'approbations par petits mots.

Quelles sont les conséquences sur la conversation ?

Inversement, entraînez-vous à utiliser le regard, les hochements de tête et les approbations au fur et à mesure que votre interlocuteur parle.
Quelles sont les conséquences sur l'interlocuteur lui-même et la qualité de la conversation ?

pante. Dans ce cas, le sujet qui écoute encourage celui qui parle à poursuivre son discours à l'aide de composantes non-verbales (hochement de tête, regard, petits mots...). Cela permet de mettre plus à l'aise l'interlocuteur, et améliore la qualité et la quantité d'informations reçues.

Enfin, parfois nous avons à vérifier si nous avons bien compris le message délivré par notre interlocuteur, ou si ce dernier a bien reçu le nôtre, ou bien encore nous avons à éclaircir une composante non-verbale ou une attitude imprécise (par exemple un sourire, une moue, un regard...). J'appellerai cette dernière façon de faire *écoute active*.

Exercice 18

Observer

Observez chez les personnes de votre entourage l'utilisation ou non de l'écoute active.

Dans quelles situations les personnes que vous observez vérifient si elles ont bien compris ce que l'autre a dit ?

Dans quelles situations les personnes que vous observez vérifient si l'interlocuteur a bien compris leur message ?

Dans quelles circonstances les personnes que vous observez vérifient le sens des comportements, des mimiques chez leur interlocuteur ?

Quelles sont les conséquences de ces vérifications sur le dialogue ?

Dans quelles circonstances vous paraît-il intéressant de se servir de l'écoute active ? Dans quelles circonstances est-ce inutile ?

Observez pour vous-même l'écoute active comme ci-dessus, en vous plaçant comme « vérificateur ou comme interlocuteur ». Quelles sont les conséquences sur vos émotions, vos pensées et le dialogue ?

Quand vous arrive-t-il d'utiliser l'écoute active, quand serait-ce utile si vous ne l'utilisez pas ? Quand est-ce inutile ?

Dans l'écoute active, le sujet participe à la communication de trois manières :

▷ En vérifiant s'il a bien compris le message émis par l'interlocuteur, par exemple en reformulant ou en faisant un petit résumé de ce qu'il a entendu. C'est *la vérification du contenu du message de l'interlocuteur.*

▷ En vérifiant si l'interlocuteur a bien reçu le message émis. Pour cela le sujet émetteur peut demander à l'interlocuteur si le message est clair, ou bien faire à son tour un résumé de ce qu'il a entendu. Il s'agit dans ce cas de *la vérification du contenu du message du sujet.*

▷ En verbalisant directement ce qu'il a eu comme impression à propos du non-verbal de l'interlocuteur. Dans ce cas, on parle de *précision du non-verbal.*

Exemple

Au cours d'une conversation votre interlocuteur regarde ses pieds. Vous pouvez avoir l'impression que cette personne n'est pas d'accord avec vous. La précision du non-verbal consiste à dire : « Peut-être que je me trompe, mais j'ai l'impression que vous n'êtes pas d'accord avec ce que j'ai dit. Qu'en pensez-vous ? »

Exercice 19

S'entraîner

Demandez un renseignement dans la rue et vérifiez si la réponse fournie par votre interlocuteur correspond à ce que vous avez compris, en lui reformulant ce que vous avez entendu.

Entraînez-vous plusieurs fois afin de prendre l'habitude de reformuler ou de résumer.

Faites la même expérience dans différentes situations de conversation, à chaque fois qu'une distorsion pourrait exister entre ce que votre interlocuteur a dit et ce que vous avez reçu.

Vérifiez inversement si l'interlocuteur a bien reçu le message que vous avez émis, en lui demandant de reformuler « afin d'être sur la même longueur d'onde ».

Quand vous avez une impression ou un sentiment à propos du non-verbal de l'interlocuteur, reformulez immédiatement ce sentiment afin de vérifier s'il est justifié.

Repérez quelles sont les conséquences sur vos émotions, vos pensées et le dialogue quand vous pratiquez l'écoute active.

Les différentes façons d'écouter sont bien sûr à utiliser de manière adaptée aux circonstances. « Souvent on entend mal ce qu'on croit bien entendre... »[7] Il s'agit de mettre en place de nouvelles habitudes, que vous prendrez très vite si vous vous entraînez régulièrement.

7. Molière, *Dom Garcie de Navarre,* acte I, scène 1.

CHAPITRE

3

LES TYPES DE COMPORTEMENTS RELATIONNELS

Pour observer ses propres comportements, il est utile de se servir d'une grille d'*analyse fonctionnelle*✦. Il s'agit d'une méthode permettant de comprendre le fonctionnement d'un problème. La question à se poser est : « Dans quel piège suis-je pris ? »

✦ Méthode de recueil et d'analyse des données dont le but est de mettre en évidence les interactions entre le problème étudié, le sujet, les conséquences concrètes et sur la relation. L'analyse fonctionnelle permet de définir l'objectif et le moyen d'y parvenir.

La méthode dite des cercles vicieux permet de visualiser les éléments d'une telle analyse. Elle est particulièrement pratique et facile à mettre en oeuvre.

Comment analyser son comportement ?

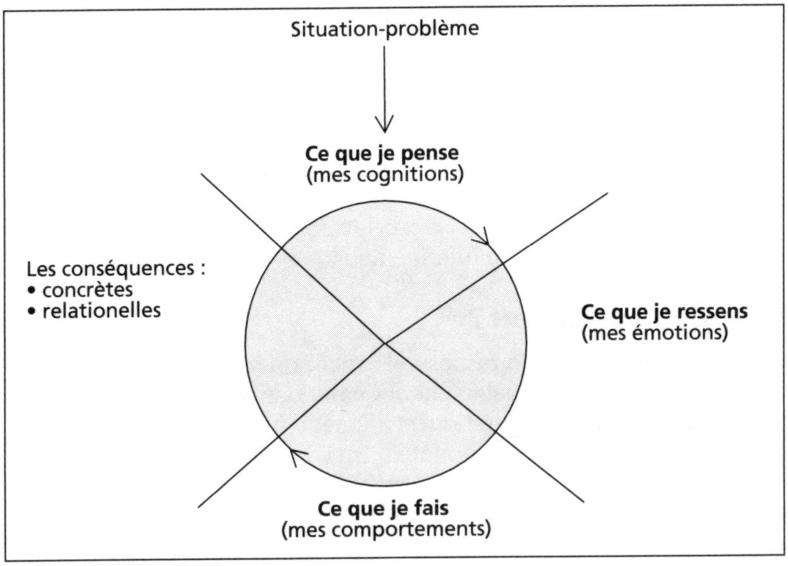

Figure 4 : La méthode des cercles vicieux .

Cette façon de poser le problème par écrit, à l'aide d'un schéma, permet de comprendre le cercle vicieux dans lequel Claire est prise. À partir de là, il devient possible de définir les différentes interventions envisageables pour aller mieux : au niveau de la pensée, Claire pourrait dédramatiser les conséquences d'un refus ; au niveau des émotions, elle pourrait apprendre à se relaxer ; au niveau des comportements, elle pourrait s'entraîner à refuser.

Exemple

Claire est étudiante et doit passer, le lendemain matin, un examen important. Madame Dupont lui demande de garder ses enfants et Claire n'a pas osé refuser (cet exemple est repris plus loin pour illustrer un comportement inhibé). L'analyse fonctionnelle du problème est la suivante :

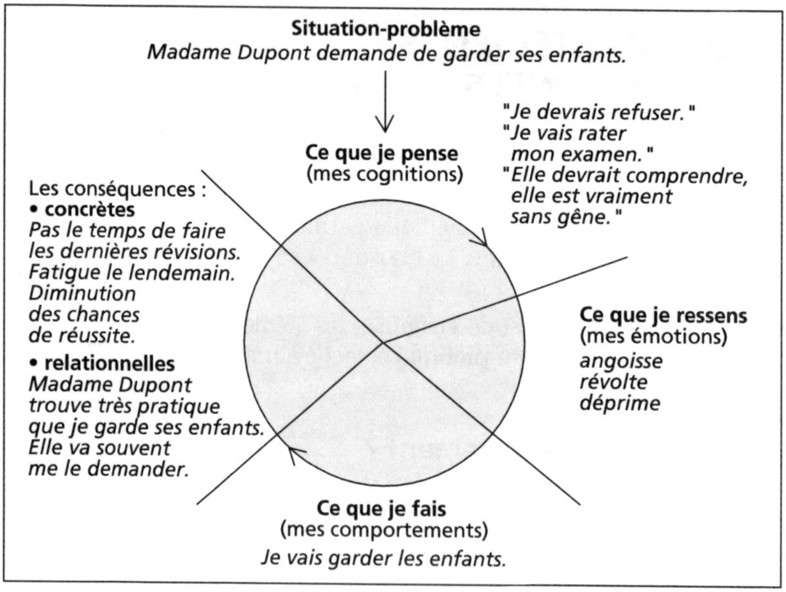

Figure 5 : Exemple d'un comportement inhibé.

Si l'analyse fonctionnelle était la suivante, les choses seraient bien différentes (figure 6) !

La question que Claire pourrait se poser est : « Qu'est-ce que je ne sais pas faire qui changerait beaucoup de choses si je savais le faire ? »

La réponse est : savoir refuser sans vexer mon interlocuteur.

Qu'est-ce que le comportement ?

Le comportement est ce qui est observable voire mesurable chez un individu, au niveau de l'action bien sûr, mais également des émotions (par exemple, les battements cardiaques, la transpiration) et même au niveau de la pensée. Dans le cas de la pensée et des émotions « invisibles » de l'extérieur (mais repérables par chacun en s'auto-observant), on parle de *comportements couverts*, par opposition aux comportements visibles appelés aussi *ouverts*.

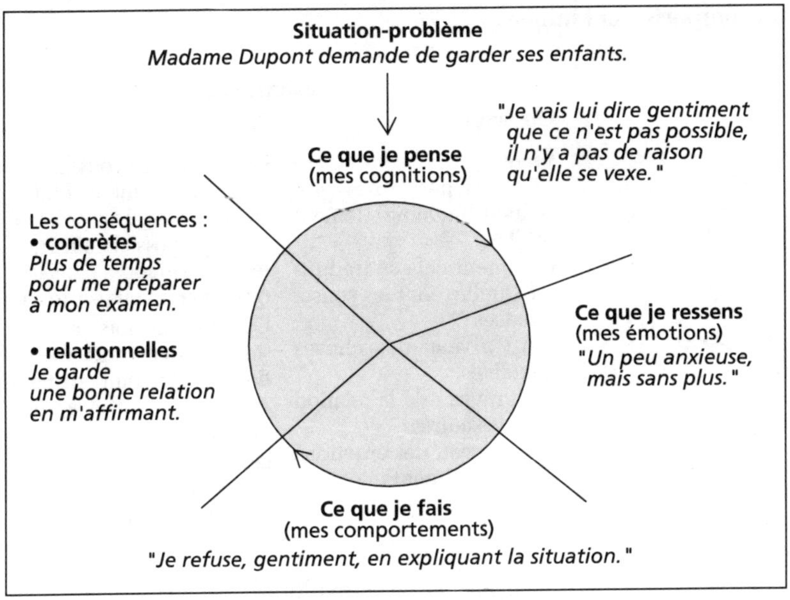

Figure 6 : Exemple d'un comportement affirmé.

Comportements ouverts :
- actions et gestes,
- mimiques faciales, postures.
- verbalisations,
- émotions se manifestant physiquement.

Comportements couverts :
- pensées, images, rêves, cauchemars.
- affects (partie invisible des émotions)

Figure 7 : Typologie du comportement

Que sont les comportements inhibé, agressif et affirmé ?

Trois façons de se comporter sont observables dans une situation relationnelle : *inhibée, agressive* ou *affirmée*.

Ces comportements se différencient dans leurs composantes ouvertes et couvertes : non-verbales, verbales, cognitives, émotionnelles, et au niveau des conséquences concrètes, pour le sujet et l'interlocuteur.

Par *cognitif*, nous entendons la façon de penser et de se représenter les choses concernant soi-même, les autres, le contexte et l'avenir.

Un exemple permettra de mieux comprendre ces concepts.
Imaginons la situation suivante :
Annie a prêté 200 francs à Stéphane il y a trois mois environ. Ce dernier devait lui rendre cette somme un mois plus tard mais ne l'a pas fait.

Si Annie présente un comportement inhibé...

Exercice 20

Observer

Observez dans votre entourage des personnes présentant un comportement inhibé.
Comment cela se traduit-il ? Quelles sont les conséquences ?
- Au niveau des choses concrètes,
- Au niveau de la relation avec les autres,
- Au niveau des émotions et des sentiments.

Observez chez vous-même un comportement inhibé. Décrivez-le aussi précisément que possible, ainsi que les circonstances dans lesquelles cela vous est arrivé.
Quelles sont alors vos pensées ou vos craintes, vos émotions et votre comportement avant, pendant et après ?
Quelles sont les conséquences concrètes ?
Quelles sont les conséquences relationnelles ?

Dans ce cas, Annie ne demande pas à Stéphane de lui rendre la somme prêtée.

Les conséquences pour elle sont :
▷ la probabilité de récupérer l'argent diminue fortement ;
▷ des pensées de deux types sont possibles, altruistes ou révoltées.

Un mode de penser altruiste serait par exemple : « Pour 200 francs, je ne vais pas faire d'histoires. Je ne vais pas l'ennuyer avec ça... »

Un mode de penser révolté serait : « Je me fais toujours avoir », « On ne peut compter sur personne ! », « Tout le monde est malhonnête ! »

Au point de vue relationnel Annie pourra conserver une bonne relation avec Stéphane, d'autant plus que ce dernier n'est pas obligatoirement conscient de la manière dont Annie pense et ressent la situation. Elle n'aura cependant peut-être pas envie de revoir son ami et cherchera à l'éviter. Dans ce dernier cas, elle perd son argent et son ami.

Si une personne a tendance à se comporter de façon plutôt inhibée, c'est-à-dire qu'elle présente beaucoup plus de comportements inhibés qu'agressifs ou affirmés, nous observons :
▷ que cette personne respecte plus les droits des autres que les siens,
▷ qu'elle obtient peu de choses concrètes,
▷ que la possibilité d'avoir de bonnes relations est réelle, mais que trois « dérives » existent souvent : l'effet « *bonne poire* », l'effet « *protecteur et conseilleur* », l'effet « *agressif* ».

L'effet « bonne poire »

Exemple

Claire est étudiante et doit présenter le vendredi suivant un examen important. Madame Dupont lui téléphone : « Claire, voulez-vous garder mes deux enfants jeudi soir ? Avec mon mari nous avons prévu d'aller au cinéma.
- Bien sûr, Madame Dupont.
- Vous êtes certaine que cela ne vous dérange pas ?
- Non, pas du tout ! »

Pour Claire, garder les deux enfants de Madame Dupont la veille d'un examen est extrêmement dérangeant. Elle se révolte intérieurement mais n'ose pas refuser. Elle respecte Madame Dupont mais pas elle-même.

Dans l'effet « bonne poire », les autres profitent beaucoup du comportement inhibé de la personne concernée. Dans ce cas, ceux qui profitent ne sont pas obligatoirement conscients de la gêne qu'ils provoquent, ils peuvent même penser faire plaisir !

L'effet « protecteur et conseilleur » est parfois encore plus pénible pour un individu que l'effet « bonne poire ».

Les sujets ayant un comportement inhibé se retrouvent souvent avec des personnes qui prennent leur défense, ou bien qui conseillent de manière très directive sur les façons de faire les choses.

L'effet protecteur et conseilleur

Exemples

Jérôme, 17 ans, élève de première, est très timide et rougit facilement. Quand il est interrogé devant la classe, il se sent mal, bégaie et, bien sûr, devient très rouge. Régulièrement un de ses amis prend sa défense contre les autres camarades et même les professeurs, ce qui aggrave considérablement le problème et met Jérôme de plus en plus mal à l'aise. Il a décidé de ne plus retourner en classe.

Mathilde, 40 ans, a une amie qui la conseille très souvent sur ce qu'elle doit aimer, ce qu'elle ne doit pas aimer, sur les relations nécessaires pour son bien. Mathilde se retrouve donc chaque semaine avec son amie pour faire de la poterie, alors qu'elle n'aime pas vraiment la poterie, s'occupe du secours populaire parce que « c'est bien » pour elle, et fait chaque hiver de grandes marches dans la neige en raquettes alors qu'elle a horreur des raquettes et de la neige.

L'effet « agressif ». Depuis toujours, certaines personnes ayant un comportement agressif, attaquent plus volontiers les sujets sans défense plutôt que les sujets ne se laissant pas faire.

Exemple

Mireille est infirmière depuis douze ans dans le même hôpital.

Comme Mireille est célibataire et qu'elle ne refusait jamais de rendre un service elle se retrouvait très souvent de garde lors des fêtes et des périodes de vacances scolaires. De plus, la surveillante de son service avait pris l'habitude de l'appeler de jour comme de nuit pour remplacer les personnes absentes. En fait tout le monde pensait que Mireille avait « la vocation et qu'elle ne vivait que pour son métier »...

Un jour Mireille a « pris une crise de nerfs » importante, s'est mise à crier et à pleurer dans le service, après qu'une collègue lui eut fait une remarque banale, ce qui a surpris tout le monde !

Elle s'est donc mise en colère, mais cela n'est pas tombé au bon moment ni sur la bonne personne, comme cela arrive souvent dans ce type de situation.

Exemple

Michel est le souffre-douleur de Bertrand depuis des années, dans le bureau qu'ils partagent avec plusieurs autres personnes. Bertrand ne s'en prend qu'à Michel, les autres employés ne se laissant pas faire. La situation est devenue si insupportable qu'un arrêt de travail a été nécessaire.

L'effet agressif

Enfin, les sujets ayant un comportement inhibé éprouvent le plus souvent des émotions pénibles, comme le sentiment de dévalorisation, de diminution de l'estime de soi, la révolte ou la colère intériorisées, la culpabilité, l'angoisse. L'isolement devient assez fréquent par évitement des situations relationnelles. Une évolution dépressive n'est pas rare.

Si Annie présente un comportement agressif...

Exercice 21

Observer

Observez dans votre entourage une personne ayant un comportement agressif.
Quelles sont les conséquences sur les interlocuteurs, et sur la personne elle-même ?
Imaginez ce que la personne agressée pense et ressent ; qu'aura-t-elle tendance à faire ?

Observez un de vos comportements agressifs. Comment vous sentez-vous avant, pendant et après ? Quelles sont les pensées qui vous passent par l'esprit ?

Imaginez les conséquences sur l'interlocuteur et sur la relation avec lui.

Annie : « Tu es un type malhonnête, tu devais me rendre mes 200 francs au bout d'un mois. Tu ne l'as toujours pas fait. Je veux que tu me les donnes tout de suite ! »

Annie a dans ce cas plus de chances de récupérer son argent, car au moins elle fait une demande. Ses pensées correspondent exactement à ce qu'elle dit : « Stéphane est malhonnête. » Les émotions ressenties sont la colère et la révolte, et, enfin, la relation avec Stéphane risque d'en souffrir.

De manière générale, un sujet présentant un comportement agressif prédominant respecte surtout ses droits et pas ceux des autres. Il obtient plus de choses concrètes que les personnes présentant un comportement inhibé.

Souvent la relation avec les autres est difficile, et aboutit à un isolement important. Il est en effet difficile de côtoyer un sujet fréquemment agressif.

Enfin, les personnes dans ce cas éprouvent des émotions pénibles comme la colère, la révolte, le sentiment de solitude, d'être incompris ou même de persécution. Les syndromes dépressifs sont moins fréquents que dans le cas d'un comportement inhibé prédominant, mais ne sont pas rares.

Avoir un comportement agressif ne veut pas dire obligatoirement crier ou être en colère. Il existe de multiples manières d'agresser quelqu'un : en se moquant ou en ironisant, en faisant des remarques difficiles à accepter par l'interlocuteur.

En outre, un comportement pourra être ressenti agressif par quelqu'un et non par quelqu'un d'autre.

Par exemple (vous félicitez quelqu'un pour sa coiffure) : « Je trouve vraiment que tu es très bien coiffée aujourd'hui ! » Et la personne se vexe et répond « Ça veut dire que les autres jours je suis mal coiffée ! » Alors que vous n'aviez aucune mauvaise intention.

Une autre personne pourrait être au contraire très contente du compliment : « Merci beaucoup, ça me fait vraiment plaisir, j'ai bien fait de changer de coiffeur. »

Cet exemple permet de comprendre que c'est la façon dont le message est reçu par l'interlocuteur qui définit un comportement agressif ou non. Il est donc très important de bien adapter la forme de son message à la situation et à la personne à laquelle il s'adresse.

Exemples

Éric le colérique. Il est très souvent en colère. Il critique presque tout et est rarement content. Il a tendance à voir très rapidement ce qui ne va pas, autant avec les personnes proches que plus éloignées. Au niveau du travail, ses collègues le craignent beaucoup et l'évitent. Il a souffert de trois ruptures sentimentales dont un divorce. Son épouse actuelle commence à manifester des signes de lassitude et lui reproche de plus en plus « son caractère de chien ». Éric se sent révolté, incompris et malheureux.

L'ironie de Joséphine. Elle a l'habitude de tourner en dérision les personnes de son entourage ou ce qu'elles font. Peu de monde apprécie à la longue son sens de l'humour et elle se retrouve de plus en plus seule. Toute sa classe d'âge s'est réunie afin de fêter les 30 ans de chacun, et elle n'a pas été invitée. Cela l'a beaucoup révolté et a augmenté sa réaction ironique.

Si Annie présente un comportement affirmé...

Annie : « Bonjour Stéphane, puis-je te demander quelque chose ?
- Bonjour... Oui, bien sûr !
- Tu sais je suis très gênée de te demander ça, mais j'aimerais que tu me rendes les 200 francs que je t'ai prêtés il y a trois mois.
- Oh ! Écoute, tu fais bien de me le rappeler, j'avais complètement oublié ! »

Pour Annie la probabilité de récupérer son argent et de conserver une bonne relation avec Stéphane est plus importante qu'avec les deux autres comportements. Il est certain que, dans ce cas, Annie reste serviable et gentille, mais qu'elle se fait respecter.

En se servant de la méthode d'analyse fonctionnelle que vous connaissez déjà, le cercle vicieux devient un cercle plus constructif.

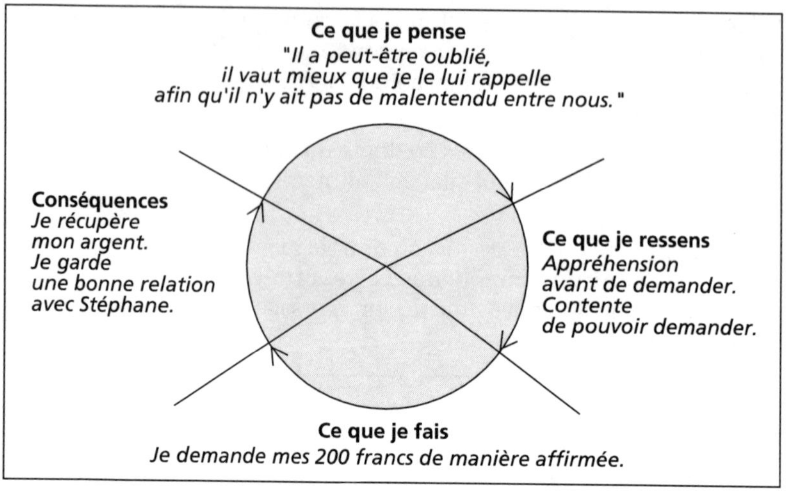

Figure 8 : Un exemple de cercle vertueux

Cet exemple met en évidence les deux buts d'une affirmation de soi : *obtenir une chose concrète* et *garder ou améliorer une bonne relation avec l'interlocuteur.*

Au niveau de la pensée, Annie se présente la situation d'une manière plus confortable pour Stéphane et elle-même : « Il a peut-être oublié... ». Il s'agit de l'*a priori du doute positif*✦, dans lequel on considère son interlocuteur comme sans mauvaise intention jusqu'à preuve du contraire. Cette façon de se présenter les choses est plus respectueuse, mais également plus rentable. L'estime de soi et des autres devient dans ce cas bien meilleure : « L'on est plus souvent dupe par la défiance que par la confiance. »[1]

✦ *Favoriser en priorité le jugement le plus positif possible concernant ce que dit ou fait l'interlocuteur : « Le considérer comme innocent jusqu'à preuve du contraire. »*

1. Retz, (J.-F. P. De GONDI), cardinal de, *Mémoires.*

PARTIE

II

L'AFFIRMATION DE SOI

CHAPITRE 4

Comment s'affirmer ?

CHAPITRE 5

Comment changer ? La boîte à outils

CHAPITRE 6

Comment aborder les situations problématiques ?

CHAPITRE

4

COMMENT S'AFFIRMER ?

L'affirmation de soi est un concept simple, issu d'un solide bon sens populaire. Tout le monde peut en tirer un grand profit dans sa vie familiale, amicale, professionnelle, et, en général, dans toutes les situations relationnelles.

Il s'agit aussi d'une méthode thérapeutique particulièrement efficace pour des problèmes aussi divers que les troubles anxieux, dépressifs, les problèmes alimentaires comme la boulimie, les troubles psychotiques et les problèmes de toxicomanie.

Dans chacun des cas, la méthode est, bien sûr, appliquée en association avec d'autres types de thérapie.

Les équipes de soins ont également beaucoup profité de l'affirmation de soi, laquelle s'est révélée un très bon moyen d'améliorer le travail en groupe et l'ambiance professionnelle.

Enfin, depuis quelques années les techniques sont appliquées à l'entreprise, soit dans le cadre de la gestion des relations de travail, soit dans celui des méthodes commerciales - si importantes actuellement.

Comme le dirait une bonne grand-mère à ses petits enfants, il vaut mieux demander les choses gentiment et poliment, plutôt que de ne pas les demander (comportement inhibé) ou le faire de manière malpolie et virulente (comportement agressif). Effectivement dans ce cas, la probabilité d'obtenir ces choses tout en gardant une bonne relation avec l'interlocuteur augmente considérablement par rapport aux deux autres possibilités. Le « cahier des charges » de l'affirmation de soi correspond à ces deux objectifs : *obtenir une ou des choses concrètes*, et *garder ou améliorer la relation avec l'autre.*

Une idée précise et concrète

▷ **Une idée précise et concrète**✦, correspondant soit à une demande, soit à une réponse, soit à la verbalisation d'un avis, d'une émotion ou d'un sentiment.

▷ **Une analyse de la position de l'autre** ✦.

▷ **Une verbalisation** accompagnée des caractères non-verbaux adaptés au contexte :
- regard,
- posture,
- mimique,
- volume sonore, timbre de la voix, articulation et fréquence.

Cette verbalisation sera :
directe et précise,
m'impliquera personnellement,
impliquera l'autre,
sera suffisamment **persistante**,
la plus **chaleureuse et polie possible**, dans le contexte.

✦ *Il s'agit de « ce que je pense ». En affirmation de soi, même une idée vague comme « Je ne sais pas ! » est précise et concrète. « C'est oui quand c'est oui, non quand c'est non, je ne sais pas quand je ne sais pas... »*

✦ *La position de l'autre est ce que je peux comprendre des raisons expliquant le comportement de mon interlocuteur, en développant l'a priori du doute positif.*

Plan général pour s'affirmer

Il est indispensable de repérer quelle est mon idée dans la situation concernée. Par exemple, si un ami m'invite à aller au cinéma, l'idée peut être : « Ça me fait plaisir » ou « Je n'ai pas envie d'aller au cinéma avec cet ami » ou « Je ne sais pas ». Même cette dernière idée est précise et concrète : elle indique que je ne sais pas.

Les pensées venant en général à l'esprit dans ce type de situations sont souvent défensives comme : « Pourquoi est-ce que ça tombe sur moi ? », « Les hommes sont tous pareils, encore un qui veut sortir avec moi ! », ou bien « Il ne faut pas que j'accepte tout de suite sinon que va-t-il penser de moi ? ». La liste n'est bien sûr pas limitative.

Ces pensées automatiques sont souvent les mêmes. Elles diminuent beaucoup l'aptitude à analyser clairement notre position avec parfois l'impossibilité de savoir ce que nous désirons dans la situation.

Par ailleurs ces pensées automatiques sont la plupart du temps corrélées avec des émotions désagréables comme l'anxiété, la colère, la révolte, la culpabilisation, la déprime.

Il est donc important de les repérer puis de les modifier dans un sens plus réaliste. Pour cela, il suffit de se poser la liste de questions suivante :

1. Quelle est la situation concernée ?

Dans notre exemple, un ami m'invite à aller au cinéma.

2. Quelle idée me vient à l'esprit spontanément ?
« Il ne faut pas que j'accepte tout de suite sinon que va-t-il penser de moi ? »

3. Comment est-ce que je me sens quand je me présente les choses comme ça ?
« Je doute, je ne me sens pas sûre de moi. »

4. Qu'ai-je envie réellement de faire ?
« J'ai envie d'aller au cinéma, mais je ne veux pas que ça aille plus loin. »

Le quatrième point correspond à l'*idée précise et concrète*.

Avoir une bonne conscience de notre position dans une situation d'affirmation de soi est indispensable, même si cette position est intermédiaire comme « Je ne sais pas si je suis d'accord », « Je ne sais pas exactement ce que je désire »...

Un tableau à quatre colonnes est très pratique pour mener à bien ce travail d'auto-analyse.

Situation	**Pensées automatiques**	**Émotions**	**Idée précise et concrète**
Mon ami me propose d'aller au cinéma avec lui.	*« Il ne faut pas que j'accepte tout de suite sinon que va-t-il penser de moi ? »*	*Je doute, je ne me sens pas sûre de moi.*	*« J'ai envie d'aller au cinéma mais je ne veux pas que ça aille plus loin. »*

Une analyse de la position de l'autre

Se mettre à la place de l'interlocuteur en essayant de comprendre ses raisons, ses émotions, est une étape essentielle de l'affirmation de soi.

Cela nécessite un peu d'entraînement surtout dans les situations dans lesquelles nous sommes critiqués, ou bien dans lesquelles nous nous sentons agressés.

L'analyse de la position de l'autre permet :
▷ de prendre du recul par rapport à la situation, et donc de ne pas se faire d'idées fausses, entraînant des réactions mal adaptées ;
▷ de mettre au point le contenu et la forme du message, en fonction de l'aptitude de l'autre à le recevoir.

Exercice 22

S'entraîner

Utilisez une feuille à quatre colonnes (selon le tableau ci-dessus) afin d'analyser :

1. Une situation dans laquelle vous avez à demander quelque chose.
2. Une situation dans laquelle vous avez à refuser quelque chose.
3. Une situation dans laquelle vous avez à donner votre avis ou dans laquelle vous n'êtes pas d'accord avec quelqu'un.

Différents moyens d'analyse sont possibles :
1. l'observation directe,
2. l'écoute participante et active,
3. l'enquête auprès de l'interlocuteur, ou de son entourage (est-ce un comportement habituel, général ou spécifique ?),
4. les hypothèses à vérifier. Lorsque la relation pose problème, il est très intéressant de traiter nos « convictions » comme des *hypothèses à tester*, plutôt que comme des certitudes. Il suffit ensuite de chercher des *alternatives* autres que les explications qui nous viennent à l'esprit concernant notre interlocuteur.

Le but de l'analyse de la position de l'autre est d'avoir la meilleure connaissance possible de ce qui pourrait expliquer le comportement de l'interlocuteur, en considérant *a priori qu'il n'a pas de mauvaise intention, jusqu'à preuve du contraire.*

La « *méthode du petit vélo*✦ », nommée ainsi à cause de la forme générale du schéma suivant, est très efficace pour mener à bien cette analyse. L'observation porte sur soi-même, l'autre et la relation qui s'établit entre soi et l'autre. Il est intéressant que j'observe « moi-même », la relation entre « moi et l'autre » et enfin « l'autre ».

✦ Méthode permettant d'analyser en interaction ce qui se passe dans la relation. Il s'agit d'observer ce qui se passe :
- chez moi-même au niveau de mes pensées, de mes émotions et de mes comportements,
- dans la relation avec l'autre (suis-je en symétrie ou en complémentarité ?)
- chez l'interlocuteur (analyse de la position de l'autre).

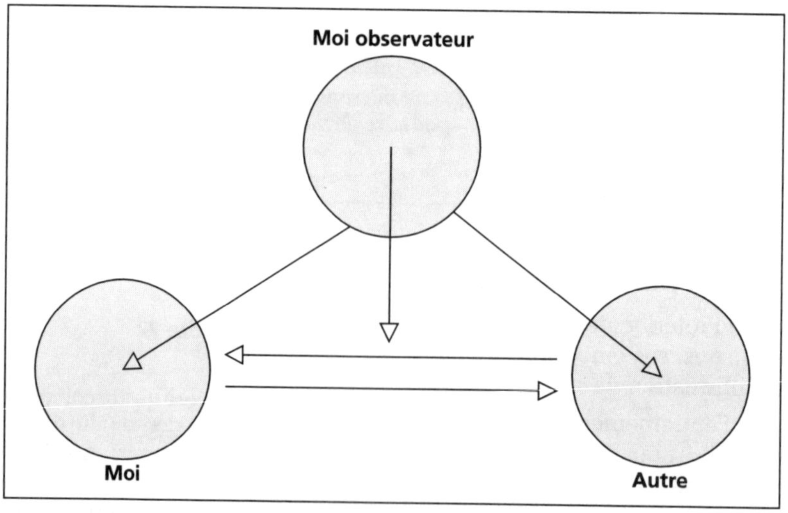

Figure 9 : Le petit vélo

La première étape, *observation de moi-même*, consiste à prendre conscience de ses propres émotions et pensées automatiques, lesquelles donnent une information précieuse sur la relation qui est en train de s'établir. Par exemple si je pense : « Elle n'est jamais contente de ce que je fais ! », je vais me sentir révolté et en colère contre l'interlocutrice. Je vais donc avoir tendance à me comporter en conséquence : soit répondre, soit bouder. Le cercle vicieux se referme et le risque d'une *escalade symétrique*◆ apparaît. Une escalade symétrique est une série d'interactions dans lesquelles les deux protagonistes aggravent le conflit, chacun surenchérissant sur l'autre.

◆ *Une relation symétrique est une interaction entre deux personnes telle que chacune adopte un comportement similaire en écho ou en miroir. Un exemple est celui de la scène de ménage dans laquelle chacun des conjoints répond à l'autre en miroir.*

La deuxième étape consiste à analyser *la position de l'autre* de manière réaliste. Pour cela il est intéressant de garder à l'esprit les points suivants :

▷ La colère, ou l'agressivité, *indique toujours que la personne concernée a un problème* et qu'elle perd le contrôle de la situation. Si ce n'était pas le cas, elle utiliserait un autre moyen pour s'exprimer.

▷ La perception n'est pas un processus neutre. Nous avons tendance à percevoir en priorité ce que nous craignons. Dans une situation relationnelle, nous aurons rapidement tendance à la méfiance et au jugement négatif. Il est très utile de s'entraîner à *l'*a priori *du doute positif.*

Reprenons l'exemple d'Annie et Stéphane, selon les principes de l'affirmation de soi. Annie donne la priorité à l'hypothèse que Stéphane a certainement oublié, et non pas à celle qu'il fait exprès de ne pas lui rendre de l'argent. Le complément de l'*a priori* du doute positif est l'aptitude à écouter ce en quoi l'autre a raison, plutôt que ce en quoi il a tort. Écouter ce en quoi il a tort est déjà bien acquis et ne nécessite donc en général pas d'entraînement particulier !

▷ L'observation montre que chacun d'entre nous est plutôt centré sur lui-même, et observe la réalité à partir de ses propres préoccupations. Regardons le dessin suivant.

Une conclusion que nous pouvons déduire de cette scène est que la jeune femme qui fait la remarque a ou pense avoir des problèmes avec son poids... Dans le cas contraire, elle n'aurait peut-être même pas vu la dame forte en train de se baigner !

▷ Enfin, le comportement le plus répandu est certainement le comportement inhibé. Les gens n'osent souvent pas verbaliser ce qu'ils pensent réellement. En conséquence, il est important de ne pas croire que les personnes sont d'accord ou contentes lorsqu'elles ne disent rien...

À partir de ces notions simples, il devient plus facile de se « mettre dans la peau de l'autre » : c'est ce que l'on appelle l'*empathie*✦, c'est-à-dire la capacité de percevoir la réalité de l'autre.

✦ Aptitude à comprendre la position de l'autre, à se mettre « à sa place ».

En pratique, quelques questions peuvent servir de guide :
▷ Dans cette situation, si j'étais à la place de l'autre, comment aurai-je tendance à réagir ?
▷ Quelles seraient mes émotions et mes pensées ?
▷ En quoi cette personne a-t-elle raison ou quelles sont ses raisons ? (Il faut avoir conscience aussi que l'autre peut ne pas réagir comme moi).

La troisième étape : dans l'analyse de la position de l'autre est celle de l'observation de la façon dont s'établit la relation avec l'interlocuteur.

Une relation peut-être *symétrique* ou *complémentaire*.

Une relation symétrique est une interaction entre deux personnes telle que chacune adopte un comportement similaire en écho ou en miroir. Un exemple en est donné par la scène de ménage dans laquelle chacun des conjoints répond à l'autre en miroir. Dans ce cas, le risque est celui de l'escalade symétrique aboutissant à un conflit souvent incontrôlable.

Une relation est complémentaire quand s'installe une interaction telle que chacun des partenaires a un comportement différent en interaction avec celui de l'autre. Par exemple dans un couple, un des deux membres peut « commander » et l'autre « obéir ».

Si la relation est le plus souvent complémentaire, on observe une augmentation de la fréquence des deux types différents de comportement. Dans l'exemple choisi, le partenaire qui commande va commander de plus en plus, et le partenaire qui obéit va obéir de plus en plus.

Aucun des deux modes relationnels, symétrique ou complémentaire, n'est meilleur que l'autre. Chacun a son utilité en fonction des circonstances, et le plus souvent l'alternance souple des deux types de comportements est la solution la plus adaptée. Il est parfois nécessaire de discuter, parfois souhaitable d'obéir...

Un bon exemple de cette conception des choses est la construction d'une maison dans laquelle chacun des intervenants a une compétence particulière. Il est intéressant que le plombier dirige quand la plomberie est en cause, que le maçon dirige quand la maçonnerie est concernée, que l'architecte dirige quant à la conception générale du bâtiment, et que tous communiquent leur point de vue quand cela est souhaitable.

Il est très utile de repérer le type de relation qui s'établit avec l'interlocuteur, et si ce type de relation est le plus adapté aux buts de l'affirmation de soi.

Il est également particulièrement intéressant de repérer le mode relationnel que vous avez tendance à induire par votre comportement et, quand cela est possible, celui induit en général par votre interlocuteur. Cela permet de mieux comprendre comment faire évoluer les choses.

Par exemple, si je sais que mon interlocuteur a beaucoup de difficultés pour reconnaître ses torts, je peux conclure qu'en essayant de lui prouver qu'il a tort, je risque d'entraîner une rigidification de sa position et une escalade symétrique. Inversement, si je ne dis rien ou lui dis qu'il a raison, cela renforce le mode relationnel complémentaire. Dans ce cas, je conforte le fait que l'interlocuteur cherchera de plus en plus à avoir raison avec moi...

Dans les deux cas, la relation est faussée et, si ce sont des comportements habituels, le retentissement général sera important.

Il s'agit donc de défendre son point de vue mais pas n'importe comment. Le but de garder ou d'améliorer, dans le même temps, la relation avec l'interlocuteur fait partie du « cahier des charges ». C'est là le modèle fondamental de l'affirmation de soi.

Exercice 23

S'entraîner

Utilisez la méthode du « petit vélo » :

▷ Quelles sont vos émotions et pensées automatiques spontanées ?

▷ Quelle est la position de l'autre (utilisez l'a priori du doute positif) ?

▷ Quel est ou quels sont le(s) mode(s) relationnel(s) probable(s) ?

En fonction :

- de votre pensée automatique spontanée,
- de l'analyse de la position de l'autre.

Dans les situations suivantes :

▷ Un ami vous demande de lui prêter de l'argent pour la troisième fois.

▷ Un collègue de travail arrive avec dix minutes de retard et vous avez dû l'attendre pour la relève.

▷ Votre conjoint vous fait le reproche de ne pas assez participer aux tâches ménagères.

Nous analysons ici trois exemples de réponses possibles.

Un ami vous demande de lui prêter de l'argent pour la troisième fois.

Pensées automatiques spontanées

« Il me prend pour une bonne poire », « Je ne suis jamais tranquille », « C'est toujours sur moi que ça tombe ».

Émotions spontanées

Colère, déprime.

Position de l'autre

« Il a besoin d'argent, il a vraiment du mal à s'en sortir, ça ne doit pas être drôle ! »

Comportements et mode relationnel résultants

▷ Avec la pensée automatique :
- Refus de prêter de l'argent en cas de comportement agressif.
- Prêter de l'argent avec un sentiment de révolte en cas de comportement inhibé.

▷ Avec l'analyse de la position de l'autre :
- Refus de prêter de l'argent mais en comprenant le problème de l'interlocuteur, ou bien,
- Prêter de l'argent de bon cœur.

Un collègue de travail arrive avec dix minutes de retard et vous avez dû l'attendre pour la relève.

Pensées automatiques spontanées

« Il ne se sent pas gêné ! », « La prochaine fois, je lui ferai le même coup et il verra ! »

Émotions spontanées

Colère, révolte.

Position de l'autre

« Il a peut-être eu un empêchement, ça peut arriver à tout le monde. »

Comportements et mode relationnel résultants

▷ Avec la pensée automatique : risque d'escalade symétrique.

▷ Avec l'analyse de la position de l'autre :
« Je peux dire à mon collègue que je suis ennuyé par son retard sans pour autant lui en vouloir. »

Votre conjoint vous fait le reproche de ne pas assez participer aux tâches ménagères.

Pensées automatiques spontanées

« Elle (il) ne sait que rouspéter ! », « Elle (il) peut toujours courir ! »

Émotions spontanées

Colère, envie de contrarier.

Position de l'autre

« Elle (il) a peut-être raison sur certains points. », « Peut-être se sent-elle (il) surmené(e) en ce moment ! »

Comportements et mode relationnel résultants

▷ Avec la pensée automatique : risque d'escalade symétrique et de malentendus. Risque d'en vouloir à son conjoint de cette participation aux tâches ménagères.

▷ Avec l'analyse de la position de l'autre :
Répondre à la demande du conjoint ou ne pas y répondre, mais sans lui en vouloir, et plutôt en comprenant sa position.

Caractères non-verbaux adaptés au contexte

Le chapitre sur la communication a bien montré l'importance du non-verbal dans la relation. En affirmation de soi, il est indispensable que la partie non-verbale du message soit adaptée au contexte au niveau des différentes composantes : regard, posture, mimique, volume sonore, timbre de la voix, articulation et fréquence.
Le problème le plus fréquent consiste à avoir un comportement non-verbal annulant ou inversant le contenu du discours. Par exemple, ne pas sourire en remerciant « chaleureusement », ou bien inversement trop sourire en faisant une critique.

Exercice 24

Observer

Utilisez la phrase suivante :
« *Merci beaucoup, ces fleurs sont très jolies !* »
1. sans sourire et avec un ton de voix grave ;
2. sans sourire, en fronçant les sourcils avec un ton de voix grave ;
3. en regardant le plafond.

Observez quelles sont les conséquences sur le sens du message...

4. en regardant l'interlocuteur et en souriant.

Quelles sont les conséquences sur le sens du message ?

Façon de verbaliser

Verbaliser directement et précisément

Le message émis doit correspondre au message reçu. Plus la verbalisation est directe et précise moins les chances de distorsion sont grandes.

Dans le dialogue suivant, Bertrand ne dit pas directement ce qu'il pense, et une belle histoire d'amour se termine avant d'avoir commencé !

Nous avons l'habitude d'employer des tournures de phrase et des mots inutiles dans notre conversation, et souvent nous ne nous en rendons plus compte.

Par exemple : « *Si j'ai bien compris*, vous avez, *mais arrêtez-moi si je dis une bêtise,* été *peut-être* gêné par les propos d'Alain concernant l'école... »

Les mots en italique sont de trop et gênent la compréhension du message.

Une verbalisation directe et précise serait :

« *Je pense* que les propos d'Alain concernant l'école vous ont gêné. *Est-ce que je me trompe ?* »

L'implication personnelle◆ (voir le paragraphe suivant) et la *révélation sur soi*◆, c'est-à-dire l'expression claire de mes pensées et sentiments (mots en italique dans l'exemple de verbalisation directe ci-dessus) suffisent largement à prévenir le risque d'être impoli ou agressif par un message « trop » direct.

◆ *L'implication personnelle correspond au fait de dire « je » et « moi » dans la discussion. Cela a l'avantage de rendre le message plus clair et précis.*

◆ *Se révéler c'est verbaliser ses sentiments, ses pensées ou ses émotions.*

Exercice 25

Observer

Observez chez les autres les petites phrases et les détours de discours inutiles, ainsi que les conséquences sur la compréhension du message. À quoi servent ces petites phrases et ces détours ?

[De manière générale, les phrases inutiles ont un rôle défensif ou sont en relation avec la peur de déranger ou de blesser l'interlocuteur.]

Utilisez des enregistrements audiophoniques ou vidéo afin de repérer chez vous-même les petites phrases et les détours inutiles. Quels sont les plus fréquents ?

S'entraîner

Par écrit, entraînez-vous à la formulation directe et précise de vos idées en éliminant ce qui vous paraît inutile pour la compréhension du message. Entraînez-vous ensuite oralement. Des enregistrements vous permettront de mieux contrôler vos progrès.

▶ M'impliquer personnellement

Dans le cadre de l'affirmation de soi, il vaut mieux bien préciser sa position, ses sentiments, son avis plutôt que de rester dans le vague. Il est également important de dire « *je* » et « *moi* ». Par exemple : « J'aime beaucoup ton dessin ! » plutôt que « Ton dessin est beau ». Cela a l'avantage de personnaliser la communication, de laisser le moins de place possible à la distorsion du message, et de donner à son interlocuteur un modèle de *révélation sur soi*, c'est-à-dire d'expression claire de mes pensées et sentiments.

Exercice 26

S'entraîner

Reformulez chacune des phrases suivantes en fonction de l'implication personnelle :

Ce gâteau au chocolat est très bon !

La pluie, c'est vraiment pénible !

Ta robe est très jolie !

C'est contrariant de ne pas savoir !

On pourrait aller au cinéma ?

Réponses possibles :

Je trouve ce gâteau au chocolat très bon !

Je trouve la pluie vraiment pénible !

J'aime beaucoup ta robe, elle est très jolie !

Je n'aime pas ne pas savoir !

J'aimerais aller au cinéma avec toi.

Quel changement introduit la nouvelle formulation par rapport à l'ancienne ?

▶ Impliquer l'autre

Impliquer l'autre consiste à individualiser au maximum l'entretien.

Cela se fait :

▷ à l'aide des composantes non-verbales adaptées (regarder, sourire, être à une bonne distance) ;

▷ en précisant bien la position de l'autre. Par exemple : « Le travail que tu as fourni est remarquable ! » plutôt que « C'est un travail remarquable ! »

▷ enfin, il est souhaitable le plus souvent de s'adresser *en particulier* à l'interlocuteur, surtout quand vous faites une critique négative.

Exercice 27

S'entraîner

Imaginez la critique suivante faite individuellement :

« Puis-je te faire une remarque, mais je ne voudrais surtout pas que tu le prennes mal ? La couleur de ton chemisier ne va vraiment pas, à mon avis, avec ta jupe ! »

Imaginez la même critique faite devant d'autres personnes.

Question : quelle est la situation la moins gênante pour l'interlocutrice ?

Réponse : en général, si la critique est faite individuellement, l'interlocutrice se sent moins gênée. Il est en outre plus facile pour elle d'accepter la remarque.

▶ Savoir persister

Il est souvent très utile de répéter le message, et ceci jusqu'à ce qu'il soit bien perçu par l'interlocuteur. Par exemple, demander les choses une fois n'est parfois pas suffisant, aussi devient-il intéressant de persister.

Il s'agit de la technique du « *disque rayé* » exposée plus loin, à laquelle il est particulièrement important de s'entraîner.

▶ Être le plus chaleureux et poli possible dans le contexte

Cela permet de garder un bon contact avec l'interlocuteur. De plus, l'expérience montre clairement que le fait de rester chaleureux et poli donne un meilleur résultat pour obtenir des choses concrètes, particulièrement quand il s'agit de refuser ou de demander une chose gênante. Il est le plus souvent inutile de devenir froid et distant « pour se défendre ». L'affirmation de soi suffit !

▶ Quelles sont les raisons pour lesquelles quelqu'un ne s'affirme pas ?

▷ *La peur de gêner, de déranger* est souvent évoquée pour ne pas demander ou refuser, ne pas engager la conversation, ne pas rendre de visite. Cela entraîne un évitement des relations, y compris celles qui se passeraient très bien !
À trop éviter, l'isolement grandit, et la pensée pessimiste remplace l'action. Comme Jules Beaucarnes le dit dans un de ses spectacles : « On peut toujours rendre visite à quelqu'un, cela lui fera toujours plaisir ; si ce n'est pas en arrivant, ce sera en partant ! »

▷ *La peur du jugement des autres sur soi-même* est souvent au premier plan des craintes de s'affirmer : « Que va-t-il (elle) penser de moi ? » est une pensée très fréquente. Il est impossible de plaire à tout le monde et même tout le temps à la même personne ! Savoir déplaire est utile même si c'est désagréable. De manière générale, essayer de ne contrarier personne aboutit souvent au fait d'être mal jugé par beaucoup de monde.

▷ *La peur du ridicule* entraîne souvent l'évitement d'un grand nombre de situations relationnelles. Par exemple, s'exprimer en public devient difficile. Pourtant le ridicule ne tue pas, sinon aucun d'entre nous ne survivrait : « S'il y a des hommes dont le ridicule n'ait jamais paru, c'est qu'on ne l'a pas bien cherché. »[1]

▷ *La peur de l'échec et de l'erreur.* Personne n'aime se tromper ou échouer. Pourtant beaucoup de choses s'apprennent avec des essais et des erreurs. Comment imaginer apprendre à faire du patin à glace sans chutes ! Trop de perfectionnisme nuit et, comme l'énonce le proverbe, « le mieux est l'ennemi du bien ». Savoir accepter ses échecs et ses erreurs est une condition essentielle pour mieux s'affirmer.

1. La Rochefoucauld, F. de, *Réflexions ou sentences et maximes morales.*

Cette liste n'est pas limitative. Le point commun de toutes ces peurs est leur effet paralysant. Elles favorisent le plus souvent un comportement inhibé, mais parfois aussi de l'agressivité.

Le comportement est-il la personnalité ?

La question est importante. Ne dit-on pas que quelqu'un a une personnalité✦ agressive ou colérique, timide ou effacée ? Beaucoup pensent que, dans ce cas, il s'agit de traits de caractère impossibles à changer. Certains pensent même que nous naissons agressifs ou timides !

Il n'en est rien. Tout ce qui concerne le comportement peut être modifié par apprentissage.

Ainsi, pour notre propos, nous constatons que tout le monde présente les trois types de comportements, inhibé, agressif et affirmé. Ce qui change d'une personne à l'autre, c'est la proportion d'agressivité, de retenue ou d'affirmation de soi. Il est donc préférable de parler d'une personne qui a un comportement souvent agressif, inhibé ou affirmé.

Par ailleurs, nous n'agissons pas de la même manière en toutes circonstances. Dans certaines situations, nous avons un comportement agressif, dans d'autres plutôt inhibé ou affirmé. Ainsi, quels que soient sa personnalité, ses croyances, ses points de vue, un individu peut avoir les trois types de comportements et cela varie souvent en fonction des situations et des moments. Par exemple, un homme « romantique » peut agir de manière affirmée, inhibée ou agressive, de la même façon que quelqu'un de « prosaïque ». Un romantique inhibé, s'il est amoureux, n'osera peut-être pas se déclarer, et un prosaïque inhibé n'aimant pas du tout la poésie n'osera pas non plus affirmer sa position « anti-poétique » s'il est en compagnie de personnes aimant les arts.

Notre but est que le « romantique » et le « prosaïque » s'affirment, afin de se sentir plus à l'aise avec leur personnalité.

✦ Il s'agit du caractère (ensemble des traits stables retrouvés chez un sujet) plus les options fondamentales de l'individu : ses croyances, ses goûts ses engagements etc. Dans ce cadre, être romantique ou aimer le bleu, sont des traits de personnalité. Être agressif ou inhibé sont par contre des comportements.

Quels sont les comportements à améliorer, quelles sont les situations concernées ?

Les comportements à modifier dans la direction de l'affirmation de soi sont bien sûr l'inhibition et l'agressivité. Apprendre à s'affirmer, c'est apprendre *une nouvelle manière de faire*, si bien que les deux autres comportements deviennent inutiles. Comment remplacer les méthodes relationnelles habituelles, mais néfastes, par une nouvelle méthode beaucoup plus efficace ? Seul l'apprentissage pratique apporte une solution à ce problème. Comme pour apprendre à faire du vélo, il s'agit surtout d'agir et répéter, et non de trop penser ou lire sur le sujet. Seule une suite d'essais et d'erreurs permet de progresser !

Comment analyser votre situation et choisir les problèmes cibles ?

Tout le monde n'a pas le même problème d'affirmation de soi. Aussi est-il intéressant de faire une *analyse fonctionnelle* de votre situation. Une analyse fonctionnelle est une observation de la façon dont votre problème est apparu et surtout de la manière dont il perdure. Quels sont les éléments qui le renforcent dans votre vie de tous les jours ?

La première étape est de repérer dans quelles circonstances le problème apparaît et quelles sont les situations relationnelles dans lesquelles il est le plus marqué.

Pour cela, vous pouvez vous aider de l'échelle d'affirmation de soi qui présente une liste des problèmes les plus fréquents.

Échelle d'affirmation de soi

Scores	1	2	3	4	5	6	7	8
1. Je me sens à l'aise dans les situations relationnelles								
2. Je n'éprouve pas de manifestations physiques dans les situations relationnelles (cœur qui bat vite, transpiration, tremblement, serrement de gorge, sensation d'oppression respiratoire, etc.)								
3. J'ai toujours les idées claires dans les situations relationnelles								
4. Je fais facilement des demandes								
5. Je sais refuser facilement								
6. Je verbalise facilement mon avis ou mes sentiments quand c'est souhaitable								
7. Je sais facilement engager la conversation								
8. Je suis à l'aise pour poursuivre une conversation								
9. Je sais arrêter une conversation si cela est nécessaire								
10. Je sais recevoir des critiques sans être gêné								
11. Je sais faire des critiques sans vexer mon interlocuteur								
12. Quand quelqu'un a un comportement agressif (verbalement) avec moi, je sais en général comment faire pour que cela se termine bien								
13. Je sais recevoir des compliments sans être gêné								
14. Je suis à l'aise pour faire des compliments								

Notez à quel point chacune des propositions ci-contre vous correspond :

1. Pas du tout
2. Très peu
3. Un peu
4. Assez
5. Moyennement
6. Bien
7. Très bien
8. Parfaitement

Total

Faites bien attention au point 2 de l'échelle : si vous n'éprouvez pas de manifestations physiques notez 8, si vous en éprouvez beaucoup les notes correspondantes seront les plus basses.

Un score moyen de 36,8 a été trouvé pour des personnes souffrant d'un comportement inhibé.

Plus votre score est élevé, plus votre niveau d'affirmation de soi est bon. Il est intéressant de faire une mesure avant votre entraînement puis plusieurs autres au fur et à mesure que vous progressez. Cela donnera une bonne idée de votre évolution.

Dans un second temps, vous pouvez, à l'aide de cette échelle et de l'observation des relations dans votre cadre habituel de vie, établir une hiérarchie des problèmes cibles, depuis les plus faciles à traiter jusqu'aux plus difficiles.

Une bonne méthode est de ranger les informations sous la forme d'une cible.

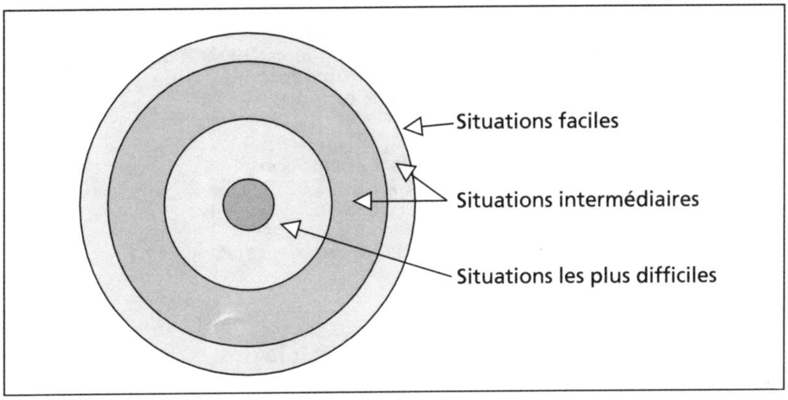

Figure 10 : La cible des situations problèmatiques

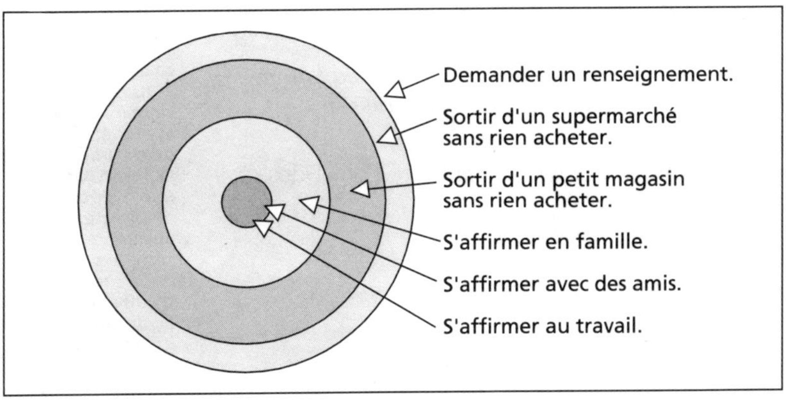

Figure 11 : L'exemple de Bernadette

La troisième étape est d'analyser, pour chacune des situations relevées, de quelle manière le problème s'entretient lui-même à l'aide de la méthode des cercles vicieux.

Exemple :

À son travail, Bernadette pense qu'elle devrait refuser de faire la comptabilité mais n'ose pas le dire. L'analyse de la situation selon la méthode des cercles vicieux donne le tableau suivant :

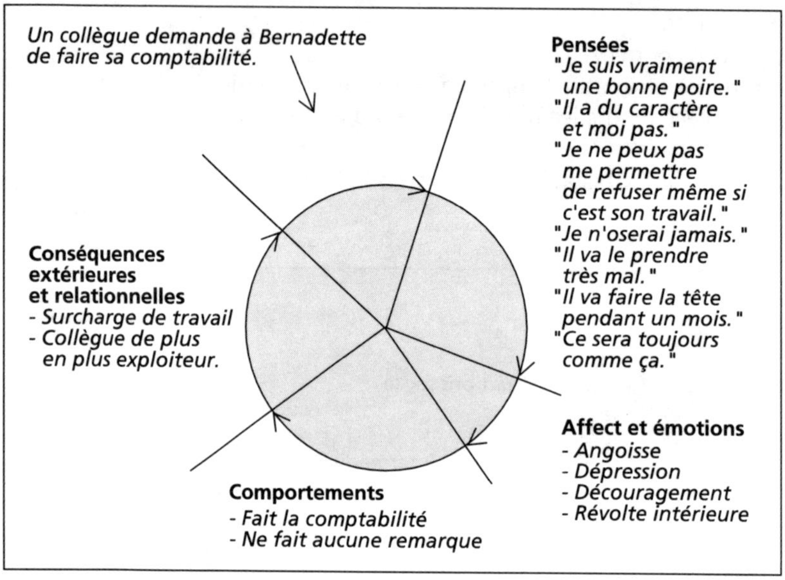

Figure 12 : Le cercle vicieux de Bernadette

Cette analyse met en évidence les différentes façons d'améliorer le problème. Bernadette peut agir :

▷ Au niveau de ses pensées, il s'agit de *la restructuration cognitive*✦, c'est-à-dire d'une technique pour modifier la façon de se présenter les choses.

▷ Au niveau de ses émotions, à l'aide de *techniques de relaxation.*

▷ Au niveau de son comportement avec l'*affirmation de soi.*

Les manières d'agir à ces différents niveaux vont être l'objet des chapitres suivants.

✦ Méthode consistant à remettre en question ce que nous pensons automatiquement. La manière de faire la plus efficace est de considérer ce que je pense comme une hypothèse, de discuter l'évidence de cette hypothèse, et de chercher d'autres alternatives explicatives. Socrate lui même a inventé cette méthode qui se nomme donc « méthode socratique ».

CHAPITRE

5

COMMENT CHANGER ? LA BOÎTE À OUTILS

Changer sa pensée : la restructuration cognitive

Quand nous sommes anxieux, déprimés ou même simplement un peu « cafardeux » ou qu'il nous arrive un ennui, nos pensées sont plutôt pessimistes. Par exemple, en cas de crevaison en voiture, des pensées comme « Je n'ai vraiment pas de chance », « Ça n'arrive qu'à moi » ne sont pas rares... Imaginons maintenant qu'un ami vienne vous dire : « Es-tu prêt à parier 200 francs que tu es la seule personne dont la voiture a crevé aujourd'hui dans la ville ? » ; vous répondrez probablement « non ! » pour ne pas perdre vos 200 francs, et vous aurez raison ! Ces pensées pessimistes correspondent à la colère ou au découragement que nous ressentons. Mais elles ne sont pas réalistes puisque nous ne sommes pas prêts à parier dessus, ce qui ne nous empêche pas de les avoir...

Ces idées qui nous viennent spontanément à l'esprit se nomment *pensées automatiques.* Si vous les observez régulièrement, vous constaterez que ce sont toujours les mêmes qui reviennent et constituent une sorte de « paysage mental » correspondant à une façon habituelle de se sentir, puis d'agir, assez caractéristique pour chacun.

Prendre conscience des pensées automatiques, des émotions et des comportements qui leur sont reliés, et *modifier celles qui sont en rapport avec des sentiments pénibles et des comportements inadéquats* est ce que nous appelons *restructuration cognitive.*

Cette méthode n'est pas à proprement parler une technique d'affirmation de soi. Elle est cependant particulièrement utile et donne un bon résultat quand elle est pratiquée régulièrement. Le principe de base est ancien puisqu'il date des stoïciens, lesquels avaient remarqué : « Le mal n'est pas dans les circonstances, mais dans l'opinion que nous en avons »[1]

1. Épictète « Qu'il est possible de profiter de toutes les circonstances extérieures », *Entretiens*, III.

En modifiant la façon de se présenter les événements et les situations, il est donc possible de modifier ses émotions dans le sens du bien-être.

Beaucoup de psychothérapies utilisent la restructuration cognitive. Un des précurseurs est français ! Il s'agit d'Émile Coué[2], dont beaucoup de nos collègues parlent avec une certaine ironie (sauf à l'étranger où il est souvent très apprécié). Pharmacien exerçant à Troyes, il avait déjà remarqué qu'on ne pouvait avoir qu'une seule idée et une seule émotion à la fois, et donc que modifier sa pensée dans un sens positif avait un impact important sur l'état affectif.

Albert Ellis[3] a mis au point une technique appelée *thérapie rationnelle émotive* centrée sur la rationalisation des pensées automatiques. Cette méthode connaît encore actuellement un certain succès. Enfin Aaron T. Beck[4] a décrit avec précision, dès 1979, la *thérapie cognitive*, méthode actuellement la plus employée dans ce domaine.

En pratique, les émotions servent de *signal*. Il s'agit d'observer dans quelle situation apparaît une émotion désagréable, et à quel type de pensées elle correspond. En reprenant l'exemple précédent de Bernadette :

1. *Quelle est l'émotion* ?
« Je ressens de l'angoisse, de la révolte et du découragement. »
2. *Quelle est la situation déclenchant mon angoisse ?*
« Mon collègue me demande de faire la comptabilité. »
3. *Quelles sont les pensées automatiques correspondantes ?*
« Je suis vraiment une bonne poire ! »
« Il va le prendre très mal si je refuse. »
« Je ne peux pas me permettre de refuser même si c'est son travail. »

Dans un deuxième temps, il est possible de réfléchir sur chacune des pensées automatiques en les considérant comme des hypothèses et en se posant quelques questions :

1. *À quel point est-ce que je crois à ma pensée automatique ?* Sur une échelle de 0 à 10 :
0 je n'y crois absolument pas, 10 j'y crois totalement.
Exemple : « Je suis vraiment une bonne poire ! »
« J'y crois à 7/10 »
2. *Pourquoi seulement à... [7/10] et pas à 10/10 ?*
« Parce qu'il est normal que je fasse une partie du travail qu'on me demande et pas normal que je fasse le reste. D'un autre côté les gens m'aiment plutôt bien, donc tout le monde ne me prend pas pour une bonne poire. »
3. *Est-ce que « Je suis une bonne poire » est un fait concret ou une opinion de ma part ?*
« C'est ce que je pense effectivement, parfois c'est un fait quand quelqu'un profite de moi, parfois pas. »

2. Coué, É., *La méthode Coué*, Paris, Marabout, 1989.

3. Ellis, A., 1962.

4. Beck, A.T., et al., *Cognitive therapy of depression*, 1979.

4. *Quelles sont les alternatives possibles expliquant qu'on me demande souvent un travail qui n'est pas de mon ressort ?*
« Je refuse rarement à mon collègue, peut-être pense-t-il qu'il ne me dérange pas ? »
« Il a pris l'habitude que j'accepte facilement et il ne se rend plus compte de la quantité de travail qu'il me demande. »
5. *À quel point est-ce que je crois à chacune des alternatives ci-dessus ?*
« Je refuse rarement à mon collègue, peut-être pense-t-il qu'il ne me dérange pas ? » J'y crois à 7/10.
« Il a pris l'habitude que j'accepte facilement et il ne se rend plus compte de la quantité de travail qu'il me demande. »
J'y crois à 9/10.
6. *Que devient mon niveau de croyance dans la pensée automatique initiale ?*
« Je suis une bonne poire. »
Je n'y crois plus qu'à 4/10.
7. *Quelle est l'explication, la pensée la plus réaliste, la plus adaptée au contexte ? Évaluation de 0 à 10 de ma conviction.*
« Le problème est que je ne sais pas refuser. Si je refusais plus souvent il est très probable que les choses se passeraient bien mieux. » Niveau de croyance : 9/10.
8. *Comment est-ce que je me sens après ce travail de restructuration cognitive ?*
« Je me sens moins révoltée et angoissée, mais je reste inquiète car je ne sais pas si j'arriverai à refuser ! »

Dans le manque d'affirmation de soi, les personnes sont souvent préoccupées par *ce que les autres pensent d'eux* et tirent facilement des conclusions en leur défaveur ou bien se posent à ce propos des questions sans réponse.
Par exemple : « Je vais paraître idiot ! », « Elle va penser que je suis un dragueur ! », « Je vais les déranger. », « Que vont-ils penser de moi ? »
C'est ce que l'on appelle l'*effet télépathe*[5] : être certain de savoir ce que l'autre ou les autres pensent de moi...

Un autre type d'idées, fréquemment rencontré chez les personnes manquant d'affirmation de soi, est de prédire qu'elles ne vont pas réussir ce qui est entrepris.
Par exemple : « Je ne vais pas être à la hauteur ! », « Je vais encore bégayer », « Ils vont me noter sévèrement ! »
Il s'agit de l'*effet cartomancienne*[6], mais la cartomancienne ne prédit ici que des alternatives pénibles...

Les effets télépathe et cartomancienne sont des conclusions sans preuve. Se demander si la pensée automatique y correspond ou non est une aide précieuse pour voir les choses de manière plus réaliste. La première per-

5. Blackburn, I.M., 1987.

6. Idem, *ibidem.*

sonne à qui on ment est soi-même. Prendre conscience des idées qui viennent spontanément à l'esprit, les considérer comme des hypothèses plutôt qu'une réalité absolue, se poser des questions sur la validité de ces hypothèses est un premier pas pour suivre le conseil de Socrate : « Connais-toi toi-même. »[7]

Pratiquée régulièrement, cette « méthode socratique » modifiera de manière importante vos habitudes de pensée ainsi que les émotions correspondantes, dans le sens souhaitable pour vous.

Exercice 28

S'entraîner

1. Repérez une situation relationnelle difficile pour vous (par exemple, demander quelque chose ou refuser).
2. Quelles **émotions** ressentez vous ?
3. Quelles sont les **pensées automatiques** qui vous viennent à l'esprit ? Quel est votre niveau de croyance dans chaque pensée, de 0 à 10 ?
Quels sont les effets télépathe et cartomancienne possibles ?
4. Quelles sont les **alternatives** possibles pour chacune des pensées ? Quel est votre niveau de croyance en chacune des alternatives ?
5. Que devient votre niveau de croyance dans la pensée automatique ?
6. Quelle pensée, ou explication réaliste, conforme à **un fait plutôt qu'à une opinion**, pouvez-vous mettre en place ? Quel est votre niveau de croyance dans cette pensée ou explication ?
7. Comment ont évolué vos émotions après la restructuration cognitive ? Que pouvez-vous en conclure, et qu'avez-vous à apprendre pour résoudre le problème ?
8. Recommencez plusieurs fois l'exercice avec d'autres situations relationnelles.

Savoir se calmer : la relaxation rapide✦

✦ *Méthode de contrôle des manifestations physiologiques permettant de diminuer l'anxiété.*

Rester calme dans les situations relationnelles est parfois difficile, surtout dans les circonstances qui provoquent des réactions émotionnelles comme la critique ou l'agressivité. Si les émotions prennent trop le dessus, le risque de perdre le contrôle devient plus grand. Ainsi, il est souvent utile de se relaxer avant d'appliquer les méthodes d'affirmation de soi.

Se relaxer quand on souffre d'anxiété est le plus souvent impossible sans apprentissage. Je vous propose ici une méthode progressive donnant presque toujours un excellent résultat.

Les émotions s'accompagnent d'un rythme respiratoire rapide nommé *hyperventilation*✦. Autrement dit, nous avons tendance à respirer trop vite et trop fort. Cela s'accompagne paradoxalement d'une sensation d'oppression respiratoire, voire d'étouffement. Par exemple, si je suis anxieux, mon rythme respiratoire s'accélère. Au fur et à mesure de cette accélération j'ai la sensation de manquer d'air, ce qui fait que je respire

✦ *Rythme respiratoire rapide entraînant une accélération du rythme cardiaque, et généralement de toutes les manifestations physiologiques.*

7. Platon, *Œuvres complètes*, Paris, Gallimard, 1950, La Pléiade.

de plus en plus... Le problème s'aggrave et parfois peut aboutir à une attaque de panique et même à une crise de tétanie.

Ce qui se passe en réalité va à l'encontre de la croyance habituelle, qui affirme qu'une personne angoissée manque d'oxygène et donc qu'il faut l'encourager à respirer profondément ! Cela majore considérablement le problème.

Il suffit donc de s'entraîner à l'*hypoventilation*✦ : ralentir son rythme respiratoire entraîne un ralentissement émotionnel général autant physique que psychologique : on ne pense pas de la même manière en accélérant et en ralentissant !

✦ *Rythme respiratoire lent, entraînant une diminution du rythme cardiaque, et de l'ensemble des manifestations physiologiques. Il s'agit d'un très bon moyen d'apprendre la relaxation.*

Dans un deuxième temps, la relaxation devient réalisable.

Cet apprentissage (comme presque tout apprentissage) doit être progressif, c'est-à-dire commencer avec un bas niveau de performance, quand vous vous sentez déjà calme ! Il est en effet impossible, dans une première étape, de ralentir ou de se relaxer quand les émotions sont trop importantes. Cela deviendra facile dès que vous aurez acquis une bonne pratique de la méthode.

Quand une personne est anxieuse, elle a surtout « l'habitude » de percevoir les tensions et « l'accélération ». Elle sera par exemple plus sensible au fait que son cœur bat plus vite que lentement. Il est donc important de savoir prendre son pouls afin d'avoir une bonne idée de l'efficacité de l'apprentissage : quand le pouls ralentit, tout ralentit dans le corps !

Pour prendre le pouls, servez-vous de vos quatre doigts que vous posez sur la gouttière externe au niveau de votre poignet (comme dans le dessin suivant), et appuyez jusqu'à ce que votre perception soit bonne. En général les battements cardiaques sont bien perceptibles de cette manière.

COMMENT PRENDRE SON POULS

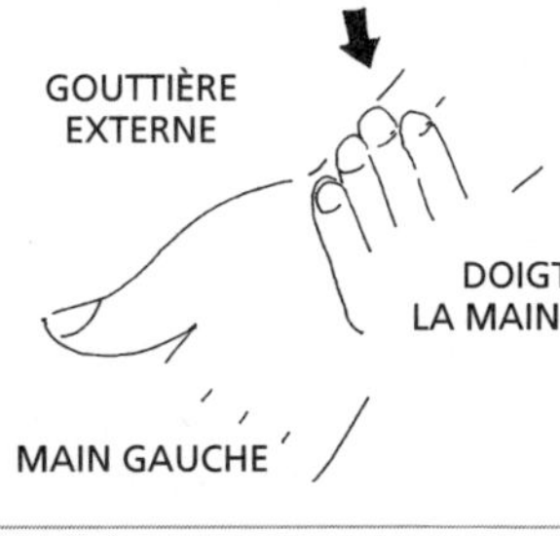

Ensuite, en prenant votre pouls, vous pouvez pratiquer l'exercice suivant :
1. Inspirez une très petite quantité d'air (on respire toujours trop !).
2. Gardez quelques secondes l'air dans vos poumons, mais sans vous forcer. L'exercice doit toujours rester agréable.
3. Expirez l'air « sans le retenir » comme un « ballon » qui se dégonfle, c'est-à-dire en faisant fonctionner le moins possible les muscles expirateurs.

Dans le même temps, vérifiez que votre pouls ralentit. Ce ralentissement est très net, car il s'agit d'un réflexe, appelé *manœuvre vagale*✦, existant chez chacun d'entre nous.

✦ *Manœuvre entraînant un ralentissement physiologique global. L'hypoventilation est une manœuvre vagale.*

Ne faites qu'un seul cycle à la fois en vous concentrant bien sur la perception du ralentissement cardiaque. Pratiquer plusieurs exercices précipités les uns après les autres aboutit souvent au résultat inverse : l'hyperventilation !

En revanche, recommencez aussi souvent que possible tout au long de la journée ; c'est la répétition qui compte : cent cinquante exercices dans la journée, même moins bien faits, valent mieux qu'un seul bien fait.

Tout le monde parvient à ralentir avec un peu de pratique, donc ne vous découragez pas ; à un certain moment vous percevrez bien l'efficacité de la technique et vous aurez à votre disposition un « outil » parfaitement utilisable en situation. Pratiquer beaucoup d'exercices dans la journée est toujours possible, puisque chacun prend très peu de temps et que cela peut être réalisé partout ; le seul problème habituellement rencontré est d'y penser !

Faites l'exercice dans les conditions habituelles de votre activité, assis ou debout, et même en marchant ou en travaillant, mais de manière progressive, en vérifiant son efficacité dans des situations de difficultés croissantes.

La maxime à respecter est : « D'abord je ralentis, ensuite si nécessaire je pense ! ». En effet, penser en ralentissant est très différent de penser en accélérant...

Une fois ce premier exercice bien acquis, vous pouvez commencer la *relaxation rapide*. Savoir se détendre très rapidement en cas de besoin est une aptitude particulièrement utile. Cela se pratique de la manière suivante :

1. En position assise, installé confortablement, fermez les yeux.
2. Faites une hypoventilation efficace.
3. Restez les yeux fermés, et concentrez-vous sur votre respiration, en percevant bien chaque inspiration et chaque expiration. *Recherchez la respiration la plus confortable pour vous.* Il s'agit en général de la respiration correspondant à l'endormissement.

Dès que l'exercice n'est plus possible (perte de la concentration par exemple) ou devient désagréable, arrêtez tout de suite et ouvrez les yeux : ne vous forcez pas ! De manière générale, cet exercice ne doit pas durer plus de deux ou trois minutes, afin de bien apprendre à vous relaxer rapidement. Par contre, entraînez-vous aussi souvent que possible en recherchant une bonne détente. Comme pour l'hypoventilation, la répétition est beaucoup plus rentable que la perfection peu fréquente.

En une à deux semaines environ, si votre pratique est régulière, vous obtiendrez un bon niveau de relaxation.

Une fois l'étape précédente suffisamment acquise, vous pouvez commencer à faire le même exercice un peu modifié :

1. hypoventilation,
2. concentration sur la respiration confortable, mais les yeux ouverts et dans différentes situations (assis et debout, dans sa voiture, en marchant, etc.).

Choisissez des circonstances d'abord faciles puis très progressivement plus difficiles. Une situation facile serait par exemple de se relaxer en achetant son pain dans une boulangerie (si bien sûr cela n'est pas angoissant pour vous). Une situation difficile serait de demander une augmentation à un patron colérique...

Les exercices de relaxation sont particulièrement utiles pour « désamorcer » la colère, le sentiment de révolte et l'angoisse et permettent de mieux utiliser les techniques que je vais maintenant exposer.

Exercice 29

S'entraîner
Appliquez la méthode de relaxation de manière systématique, en commençant par les exercices les plus simples, et sans « brûler » les étapes. Plus vous irez lentement, plus vite la technique sera acquise !

Savoir se mettre à la place de l'autre : l'affirmation de soi empathique✦

✦ *Aptitude à comprendre la position de l'autre.*

L'empathie est la capacité de se mettre à la place de l'autre, et de bien comprendre sa position. C'est souvent aussi l'effort pour ressentir de la sympathie pour lui.

La première chose à faire pour pratiquer cette méthode est bien sûr d'écouter, ce qui n'est pas toujours facile comme nous l'avons vu dans **le chapitre sur la communication**. De plus, il vaut mieux *écouter ce en quoi l'autre peut avoir raison*, ou ses raisons, plutôt que ce en quoi il a tort... Dans ce but, savoir calmer ses émotions avec les méthodes de relaxation est parfois nécessaire. L' a priori du *doute positif* concernant l'interlocuteur est également une aide précieuse.
Ensuite, l'affirmation de soi empathique consiste à *communiquer en priorité à l'autre ce que l'on comprend de sa position, de ses problèmes*, puis dans un second temps *à verbaliser une réponse, une demande, un avis ou un sentiment.*

Exemple : « C'est vraiment très désagréable pour toi d'aller faire cette course, mais je pense que c'est important que tu la fasses. »

Exercice 30

S'entraîner
Dans les situations relationnelles de la vie courante, écoutez en priorité **ce en quoi votre interlocuteur peut avoir raison**. Lui reformuler ce en quoi il a, selon vous, raison et observez ses réactions.

Dans une situation relationnelle dans laquelle vous vous sentez contrarié, pratiquez en priorité un exercice de relaxation, puis écoutez ce en quoi votre interlocuteur peut avoir raison. Essayez de le comprendre objectivement avant de « contre-attaquer ». Ensuite **reformulez-lui ses raisons ou ce que vous comprenez de sa position** et observez ses réactions. Dans un troisième temps, donnez votre position. Renouvelez cet exercice le plus souvent possible.

Savoir persister : la technique du « disque rayé »

Le disque rayé est souvent utilisé en affirmation de soi : en effet ce n'est pas parce qu'on demande les choses une fois qu'on les obtient ! La technique consiste à répéter la même chose aussi souvent que nécessaire, mais *en devenant à chaque fois encore plus gentil et courtois*, avec les composantes non verbales adaptées à la situation.

Les difficultés principales de la méthode sont les suivantes :

1. Savoir rester calme et ne pas répéter en devenant de plus en plus agressif ou ironique.
2. Savoir ne pas irriter l'interlocuteur avec une *répétition inadaptée* comme de demander quelque chose qui n'est pas possible... Fernand Raynaud dans un sketch resté célèbre a fait rire la France entière avec des croissants demandés avec insistance à un patron de café qui n'en avait pas ! Un autre exemple de disque rayé irritant est celui fait par nos enfants, jusqu'à ce qu'ils obtiennent ce qu'ils désirent...
3. *Ne pas dériver*✦*, ne pas se justifier, et expliquer*✦ *de manière adaptée au contexte.*

Ces trois derniers points sont particulièrement importants à entraîner dans l'affirmation de soi en général.

En effet, *dériver* est un risque fréquent, et chacun d'entre nous a pu en faire l'expérience dans une conversation ! Qui d'entre nous ne s'est pas vu entraîné dans une discussion hors sujet et même parfois pénible ? Si je désire, par exemple, refuser d'acheter quelque chose qui m'est proposé, répéter mon refus sans entrer dans d'autres considérations sera bien plus facile et évite de donner au vendeur des arguments de vente supplémentaires.

Se justifier✦ est de la même manière inutile, la plupart du temps. Cela risque d'aboutir à une dérive importante, surtout quand l'interlocuteur devient « manipulateur », en essayant par exemple de nous culpabiliser, ou de nous séduire... Donner trop souvent « les raisons » de son comportement peut aboutir à l'inverse de ce que nous voulons, par exemple être moins crus et rendre l'interlocuteur plus méfiant. Les choses peuvent devenir alors bien plus compliquées. Si je suis en retard à un rendez-vous, s'excuser et reconnaître ses torts immédiatement sera le plus souvent beaucoup plus efficace que de « chercher des excuses » !

Enfin, trop *expliquer* devient une justification inutile ou peut même irriter l'interlocuteur. Se souvenir que trop expliquer peut vouloir dire qu'on considère l'autre comme incapable de comprendre !

Exemples

« J'aimerais regarder le film de Lelouch à la télé ce soir... », « Vraiment ça me ferait plaisir de voir ce film ce soir... », etc.

« Non, vraiment, je vous remercie, mais ça ne m'intéresse pas... », « Vraiment, je vous assure, ça ne m'intéresse pas, je suis désolé... »

✦ *Dériver, c'est discuter d'un thème hors sujet par rapport à l'affirmation de soi en cours. Le danger est de « perdre le fil » et de se retrouver dans une position non souhaitée.*

✦ *Expliquer c'est donner une information adaptée au contexte et au but. Trop expliquer devient souvent une justification, et entraîne le risque de dérive.*

✦ *Se justifier, c'est donner des excuses, ou trop expliquer pourquoi je refuse, ou pourquoi j'ai choisi une position plutôt qu'une autre.*

Exercice 31

S'entraîner

Utilisez le disque rayé dans deux types de situations :

1. Pour demander quelque chose à quelqu'un de proche. (Par exemple demander que votre enfant range sa chambre ou essuie la vaisselle.)

2. Pour refuser quelque chose sans se justifier, sans dériver et en expliquant très peu. (Par exemple refuser de prêter ou d'acheter quelque chose.)

Savoir se servir de ses émotions et sentiments : la révélation sur soi

Beaucoup d'entre nous pensent qu'il faut masquer ses sentiments, surtout quand il s'agit de la gêne ou de la culpabilité. C'est loin d'être toujours vrai. Au contraire, montrer ses émotions pénibles ou agréables peut être très utile !

Par exemple, si vous avez à refuser un service, le fait de paraître gêné n'empêche pas du tout de rester ferme. Au contraire, montrer son sentiment entraîne souvent que l'interlocuteur insiste moins et ne nous en garde pas rancune.

Par exemple : « Écoute, vraiment *je suis désolé*, et *je ne voudrais vraiment pas que tu le prennes mal*, mais je ne pourrai pas te prêter ma voiture demain. » Les passages en italique correspondent à la révélation sur soi.

Il en est de même pour les « émotions positives ». Un compliment ne fait de mal à personne et ne coûte rien !

Se révéler, c'est donc *communiquer quelque chose de soi*, par exemple un sentiment de gêne, de plaisir, ou bien un avis. C'est souvent utile pour désamorcer un conflit ou pour présenter une demande, une réponse gênante, ou inversement pour faire plaisir.

La plupart du temps cela se fait par de petites phrases exprimant directement les choses, comme : « Je suis très gênée d'insister mais... », « Je suis vraiment content de te revoir... », « Je ne voudrais absolument pas que tu le prennes mal... »

Exercice 32

S'entraîner

1. Faites plusieurs compliments authentiques à des personnes proches de vous (votre conjoint, vos enfants, des amis). Entraînez-vous jusqu'à ce que votre gêne à les faire soit peu importante. Observez les réactions des personnes concernées.

2. Si cela se présente, et lorsque c'est souhaitable, verbalisez un sentiment pénible pour vous. Par exemple lorsque vous vous sentez gêné, ou bien que vous vous sentez anxieux, que vous doutez... Observez les réactions des personnes concernées.

Savoir exprimer positivement les critiques, les demandes, les réponses, les avis et les sentiments

Nous avons fréquemment tendance à voir ce qui ne va pas plutôt que ce qui va bien, et à chercher comment quelque chose ne va pas marcher plutôt que comment ça va marcher.

Être exigeant avec soi-même et les autres est parfois une bonne chose... Mais l'être trop peut devenir paralysant. Il est utile de savoir se contenter de performances imparfaites mais fonctionnelles et suffisantes !

Nos verbalisations sont donc souvent négatives. S'exprimer positivement, c'est dire les choses en *insistant sur l'aspect constructif et les bonnes conséquences*, plutôt que sous forme d'un reproche.

Exemple : « Tu serais vraiment très gentil de m'aider à faire la vaisselle, ça m'aiderait beaucoup. »

Plutôt que : « Viens faire la vaisselle, au lieu de perdre ton temps ! »

Exercice 33

Observer

Comment auriez-vous tendance à réagir selon les formulations suivantes :

1. Vas ranger ta chambre !
2. J'aimerais vraiment que tu ranges ta chambre, ça me rendrait service !

Avec quelle formulation auriez-vous le plus de mal à refuser de ranger la chambre ?

Quelle est la formulation avec laquelle vous garderez un meilleur contact avec le demandeur ?

3. Prête-moi ta voiture !
4. Ce serait sympa de me prêter ta voiture, ça m'arrangerait beaucoup.

Quelle est à votre avis la façon de demander la plus efficace ?

5. Ton gigot est trop salé !
6. Je suis vraiment gêné, mais je préfère te le dire... Je trouve le gigot trop salé, qu'en penses-tu ?

Quelle est à votre avis la formulation permettant de garder une bonne relation ?

S'entraîner

1. Faites des demandes en respectant la règle de l'expression positive et observez les conséquences sur vous-même et la relation avec les autres.
2. Verbalisez des avis ou des sentiments en respectant la règle de l'expression positive et observez les conséquences sur vous-même et la relation avec les autres.

Comment donner de l'information ou des explications : être direct et précis

Parfois, nous avons tendance à « *tourner autour du pot* », pour donner une information ou bien expliquer quelque chose de gênant à quelqu'un. Cela a généralement des conséquences pénibles : la première est que l'interlocuteur peut ne pas bien comprendre ce que nous disons, ou l'interpréter différemment. La seconde est le risque de dérive ou de justification, lequel non seulement diminue l'impact de l'information mais peut parfois nous mettre en situation difficile, en donnant à l'interlocuteur des moyens de discuter plusieurs choses hors sujet.

L'information ou l'explication doit donc être claire, précise et exprimée directement. Nous avons souvent tendance à trop expliquer et la règle à respecter, à entraîner, est celle de la *parcimonie*✦ : ne donner que les informations ou les explications nécessaires dans le contexte. Il est souvent intéressant de vérifier si cette information ou l'explication ont été bien comprises (écoute active).

✦ Règle qui consiste à exprimer ce qu'on doit dire avec un minimum de mots.

Exemple : « Tu sais, j'aimerais vraiment avoir ce travail ! », plutôt que « La région me plaît bien, il n'y a personne qui est intéressé, que penses-tu que je doive faire pour ce travail ? » (la personne concernée désire vraiment ce nouvel emploi).

Exercice 34

Observer

Observez votre façon habituelle d'expliquer. Repérez dans quelles situations votre explication vous paraît adaptée.

Dans quelles situations avez-vous l'impression que votre explication ou les informations sont de trop ?

Dans quelles situations les explications que vous donnez servent-elles à vous justifier ? Est-ce vraiment utile ou bien cela aggrave-t-il le problème ? Décrivez ces différentes situations.

S'entraîner

Vérifiez que l'information ou l'explication que vous donnez est bien-comprise par votre interlocuteur (écoute active).

Utilisez la règle de la parcimonie : n'expliquez que ce qui est nécessaire, ne donnez que les informations utiles dans la situation.

Quelles sont les conséquences sur l'impact de votre message ?

Quels sont les conséquences sur la relation avec votre interlocuteur ? (Ne pas oublier de garder un bon contact avec lui, la règle de la parcimonie n'exclut pas la révélation sur soi et la chaleur humaine !)

Savoir reconnaître ses torts

Quand nous nous sommes trompés, ou bien que nous avons fait quelque chose qui peut nous être reproché, nous pouvons avoir du mal à ne pas nous défendre... Parfois avant même d'être attaqués ! La plupart du temps cela donne une mauvaise image de soi : quelqu'un qui a toujours raison n'est pas crédible.

En cas d'erreur, ou si l'autre a raison, *reconnaître immédiatement ses torts* permet :

1. de diminuer le risque de conflit ;
2. de diminuer le risque de se rendre ridicule ;
3. de montrer son aptitude à reconnaître ses erreurs ;
4. d'établir la relation sur une base claire, en donnant un modèle excluant le rapport dominant-dominé.

Exemple : « J'ai complètement oublié notre rendez-vous et je suis totalement inexcusable... », plutôt que « Je n'avais pas de montre, et personne ne m'a rappelé le rendez-vous, c'est pour ça que je suis en retard... On ne peut plus compter sur personne ! »

Exercice 35

Observer

Quand vous rencontrez une personne qui a des difficultés pour reconnaître ses torts, quelles sont les conséquences :
1. sur ce que vous pensez de cette personne,
2. sur vos émotions,
3. sur votre comportement vis-à-vis de cette personne ?

Quand vous rencontrez une personne reconnaissant facilement ses erreurs, quelles sont les conséquences :
1. sur ce que vous pensez de cette personne,
2. sur vos émotions,
3. sur votre comportement vis-à-vis de cette personne ?

S'entraîner

Quand vous pensez avoir tort, ou si vous avez fait une erreur, reconnaissez le rapidement et sans nuances, explications ou justifications. Observez quelles sont les conséquences sur vous-même et la relation avec l'autre.

Savoir encourager l'interlocuteur à formuler ce qui ne va pas : le questionnement négatif✦

✦ *Technique consistant à aider l'interlocuteur à préciser ce qu'il juge négatif chez moi.*

Parfois, les personnes de votre entourage peuvent avoir des reproches ou des critiques vous concernant, mais n'osent pas les formuler... Il est

Exemple

Bernard paraît contrarié. Il ne sourit pas.
Stéphanie lui demande : « Bernard, je te trouve distant et contrarié, est-ce que j'y suis pour quelque chose ?
- Non...
- Tu es sûr ? Si c'était le cas, c'est important pour moi de le savoir !
- En fait : oui ! Je trouve que tu n'as pas été correcte l'autre jour quand nous sommes allés au cinéma. Tu as été ironique avec moi devant Jérôme et je l'ai mal pris.
- Je suis d'accord avec toi. Effectivement j'ai manqué de tact, et je m'en suis voulu après... Mais as-tu autre chose à me reprocher ? Si c'est le cas, surtout n'hésite pas, je préfère les choses claires. »

Cet exemple montre l'importance, parfois, d'insister dans son enquête négative. Il s'agit d'une insistance du type « disque rayé ».

important de savoir ce que les autres pensent de moi, même si cela peut être désagréable. Il vaut mieux être le premier au courant !
Le questionnement négatif consiste à faire verbaliser et préciser par l'interlocuteur les reproches qu'il n'arrive pas à dire. Souvent ces reproches sont faits de manière détournée ou par allusion, ou bien se repèrent par un comportement non-verbal. Quelques questions suffisent la plupart du temps pour éclaircir la situation.

Exercice 36

S'entraîner

Dans la vie courante, avec vos amis ou en famille, à chaque fois que vous avez un doute sur un reproche possible qui pourrait vous être fait, entraînez-vous à poser des questions telles que celles qui suivent :
« N'hésitez pas à me dire si je vous dérange. »
« Ai-je dit quelque chose de déplaisant ? N'hésitez pas à me le dire. »
« Si vous pensez que je m'y prends mal, je préfère que vous me le disiez. »
N'hésitez pas à persister dans votre questionnement, les personnes ayant parfois du mal à verbaliser ce qu'elles pensent vraiment.
Quelles sont les conséquences sur la relation quand vous arrivez à reconnaître immédiatement et sans nuance vos torts, dans le cadre de ce questionnement négatif ?

Aider l'interlocuteur à verbaliser ce qu'il trouve « bien » chez moi : le questionnement positif

Comme je le faisais remarquer plus haut, la plupart d'entre nous ont surtout tendance à remarquer ce qui ne va pas plutôt que ce qui va bien. Les conséquences sur la relation avec l'autre sont considérables : cela entraîne souvent un découragement et un certain défaitisme dans le cas où ce comportement se répète trop fréquemment. Imaginez un écolier auquel on ne fait que des remarques négatives sur son travail et à qui on n'adresse aucun encouragement... Il est très probable qu'il va se décourager rapidement. Si ce comportement critique est le fait des parents ou de l'enseignant, l'effet engendré ne correspond pas à ce qui est désiré !

En partant du principe que nous ne sommes jamais si bien servis que par nous-mêmes, il est parfois utile d'aider notre interlocuteur à verbaliser ce qu'il juge satisfaisant chez nous. Cela s'appelle *questionnement positif*. Cette technique présente trois avantages : le premier est que l'interlocuteur peut nous percevoir autrement au fur et à mesure du questionnement ; le deuxième est qu'il vaut mieux mettre les choses au clair, plutôt que de prendre le risque d'en vouloir à la personne concernée ; et le troisième de ne pas se sentir découragé ou de trop « ruminer » de choses négatives sur soi-même et l'autre (exercice 37).

Exemple

« Je suis tout à fait d'accord avec toi. J'aurais dû mieux prendre en compte ton opinion concernant ce travail. Mais pourrais-tu me préciser quels en sont les points positifs afin que j'essaie de les développer ? »

Exercice 37

Observer

Observez chez vous-même vos propres tendances à faire beaucoup de remarques négatives aux personnes de votre entourage. Si cela est le cas, quelles sont à votre avis les conséquences sur ce que vous pensez d'elles ?

Quelles sont les conséquences sur la relation avec elles ?

Quelles sont les conséquences sur la ou les personnes elles-mêmes et leurs performances ?

Observez dans votre entourage une personne qui a tendance à vous dire surtout ce qui va mal dans votre comportement.

Que pensez-vous de cette personne ?

Quelles sont les émotions que vous ressentez ? Comment avez-vous tendance à réagir ? Aurez-vous tendance à faire quelque chose de positif pour elle ?

S'entraîner

Entraînez-vous à repérer ce que vous jugez positif chez votre interlocuteur et à le lui restituer.

Quelles sont les conséquences, sur vous-même, sur votre relation avec lui et sur votre interlocuteur lui-même ?

Avec une personne portant souvent un jugement négatif sur vous, entraînez-vous à l'aider, en veillant bien à ne pas utiliser l'ironie, à vous restituer ce qu'elle juge positif chez vous. Observez les conséquences au fur et à mesure de ce travail :

- sur la façon de vous percevoir chez la personne concernée ;
- sur vos émotions et vos comportements.

Aider l'autre à préciser sa pensée : le questionnement direct

Nous avons parfois du mal à savoir ce que nous voulons, ou quelle pourrait être notre position... L'indécision peut être source d'ennuis. Quelquefois il vaut mieux un mauvais choix que pas de choix du tout !

Exercice 38

Observer

Observez les personnes de votre entourage qui ont du mal à préciser leur pensée.

Observez vos propres tendances à ne pas bien préciser vos pensées.

Observez vos tendances à poursuivre la communication sans avoir une bonne idée de ce que pense votre interlocuteur.

S'entraîner

Quand une personne communique un message vague, aidez-la à mieux préciser sa pensée par questions directes en tenant bien compte de l'analyse de la position de l'autre.

Si nécessaire, utilisez la révélation sur soi, le questionnement positif ou négatif.

Quelles sont les conséquences sur ce que vous pensez et ce que vous ressentez au fur et à mesure que la personne concernée précise sa pensée ?

Aider l'autre à préciser sa pensée devient intéressant quand nous avons besoin d'informations, ou de savoir à quoi nous en tenir pour nous engager dans une voie ou une autre. Cela se fait par *questions directes.*

Exemple : « J'ai besoin de renseignements précis : à quelle heure, et où penses-tu que la réunion doit se tenir ? »

Le questionnement négatif ou positif peut dans ce cas également être utile.

Aider l'autre à rechercher des solutions ou des alternatives : l'aide à la solution✦

✦ La plupart du temps cette technique est employée pour proposer une alternative à ce que demande l'autre.

Parfois il est utile d'aider votre interlocuteur à trouver une solution alternative. Cela se produit surtout quand vous opposez un refus, mais que vous vous sentez responsable des conséquences pour la personne concernée ou bien simplement lorsque vous désirez rendre service.

Cette technique rend beaucoup plus facile d'émettre un refus ou une critique (exercice 39).

Exercice 39

S'entraîner

Dans un cas de refus de votre part, entraînez-vous à aider votre interlocuteur à trouver une solution alternative.

Comment vous sentez-vous dans ce cas ? Est-ce alors plus facile pour vous de refuser ?

Exemple

« Je ne peux pas garder tes enfants ce soir, c'est vraiment ennuyeux pour toi, est-ce que tu as pensé à Mireille pour cela...Je crois qu'elle est libre en ce moment et que ça l'arrangerait de gagner un peu d'argent. »

Savoir trouver un compromis✦

✦ Rechercher un compromis, c'est chercher la meilleure solution possible pour votre interlocuteur et vous-même.

Le compromis a mauvaise presse, et pourtant la vie en société n'est faite que de cela !

Dès lors que nous habitons ou travaillons avec quelqu'un, il est sûr que nous ne serons pas toujours d'accord et que nos goûts et nos intérêts ne seront pas toujours les mêmes. Le compromis devient indispensable sous peine de devenir particulièrement misanthrope et invivable, ou pire...

Un compromis est un accord discuté à deux ou à plusieurs. Ceci se fera dans un respect mutuel, à la différence d'une concession dans laquelle le sujet se sentira lésé.

Le plus souvent, en affirmation de soi, le compromis « coule de source », résultant de la bonne communication et d'une analyse de la position de l'autre. Il est rare alors de ne pas trouver une solution acceptable pour tout le monde. Parfois c'est cependant impossible. Dans ce cas, il s'agit de terminer le plus chaleureusement possible afin de conserver la meilleure relation dans le contexte. Mais n'est-ce pas déjà là un compromis ?

Il faut se souvenir du vieil axiome commercial : « Une mauvaise affaire pour mon client est une mauvaise affaire pour moi ! »

Exemple

Bernard : « Je n'ai pas du tout envie d'aller au restaurant avec les Dupont !
Evelyne : - Écoute, ils sont sympathiques et cette soirée est prévue depuis longtemps.
- Effectivement, j'aurais plutôt envie de soirées tranquilles ces temps-ci. Ce que je te propose, c'est de les inviter chez nous et de ne pas finir la soirée en boîte comme d'habitude. Est-ce possible ?
- Oui, comme ça, ça me va... Je comprends que tu n'aies pas envie de sortir ces temps-ci. »

Exercice 40

Observer

Observez les situations relationnelles dans lesquelles un compromis est à votre avis souhaitable. Toute vie communautaire (le couple, les équipes de travail...) en comporte un certain nombre.

Quelles sont les conséquences quand le compromis a été possible ?

Quelles sont les conséquences quand il a été impossible ?

S'entraîner

Proposez des compromis possibles en utilisant l'analyse de la position de l'autre et l'analyse de votre propre position. Comment vous sentez-vous lorsque vous avez pu faire un bon compromis vous respectant vous-même et l'autre ?

Comment vous sentez-vous quand cela a été impossible ?

Savoir désarmer sa propre colère

La colère est mauvaise conseillère. Elle entraîne souvent un malaise important et n'aboutit pas toujours à la meilleure solution. « Ne sais-tu pas, Prométhée, que les paroles sont guérisseuses du mal de la colère ? »[8] nous donne déjà une solution efficace...

Désarmer sa colère est extrêmement utile pour s'affirmer. Cela peut se faire :

1. par des exercices de relaxation rapide tels que ceux décrits plus haut ;
2. par une restructuration cognitive efficace dans laquelle l'analyse de la position de l'autre avec l'a priori du doute positif joue un rôle important.

Il vaut mieux parfois remettre à plus tard une discussion plutôt que de l'entamer en se sentant « hors de soi ». La plupart du temps, il n'est pas trop tard pour s'affirmer après que la colère soit tombée et ce sera plus efficace.

8. Eschyle, *Euripide*, trad. de K. Reinhart, Paris, Édition de Minuit, 1972. Eschyle a vécu de 525 à 456 avant notre ère.

Savoir désarmer la colère de l'autre

Face à quelqu'un qui est en colère, nous aurons tendance soit à réagir intérieurement, sous forme d'émotions et de pensées pénibles, soit à riposter, soit encore les deux à la fois !

Le risque de « rumination mentale », par exemple sous forme de scénarii de vengeance ou d'escalade symétrique, devient majeur ! Dans ce cas, plus personne ne « pilote » la relation. Parfois l'évolution est dramatique. Il ne se passe pas un mois sans qu'un fait divers n'évoque ce type de situation : des personnes se battant pour une place de voiture, une scène de ménage tournant particulièrement mal...

Pour désarmer la colère de l'autre, *il est indispensable d'avoir au préalable désarmé la sienne*. Ensuite la technique consiste à écouter attentivement pourquoi la personne aurait raison ou quels sont ses motifs d'être furieuse. (Il faut bien garder en mémoire qu'une personne en colère, d'une part, dit des choses pour faire mal et non pas obligatoirement pour communiquer ce qu'elle pense, et, d'autre part, que cette personne a un problème, sans quoi elle n'aurait aucune raison d'être dans cet état). Il est intéressant en général de ne pas interrompre l'interlocuteur dont le débit verbal va s'arrêter à un moment ou un autre. Se rappeler alors que celui qui reste calme est en meilleure position que celui qui s'énerve.

C'est alors qu'il devient possible d'utiliser l'affirmation de soi empathique : dire à quelqu'un qu'il a raison d'être en colère, ceci sans ironie ni agressivité, entraîne le plus souvent une diminution de la réaction de cette personne. Il est important de repérer ce changement au niveau des composantes non-verbales (regard moins agressif, volume sonore moins fort, timbre de voix moins aigu). L'observation de l'autre permet de mieux contrôler ses propres émotions et donne une information précieuse pour le contrôle de la situation !

Il s'agit ensuite d'adopter *un comportement de plus en plus calme, non agressif, en utilisant la révélation sur soi. Cela permet de rester ferme si*

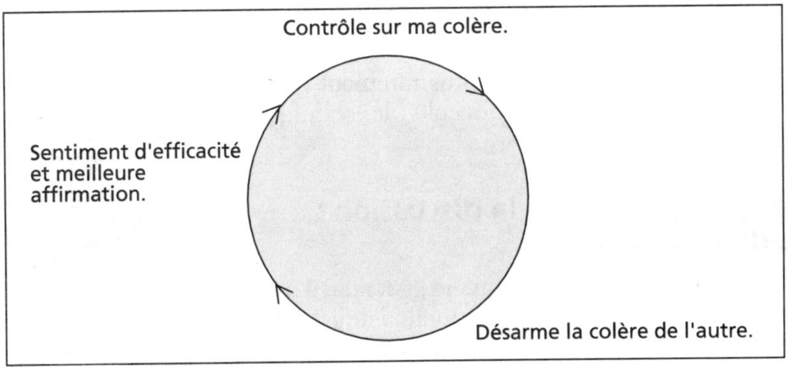

Figure 13 : se contrôler pour s'affirmer

cela est nécessaire (par exemple pour verbaliser que se faire agresser est très désagréable).

Cette méthode n'est pas sans rappeler la « *position basse* »◆ décrite par J. Haley[9] et dont l'efficacité est reconnue dans la gestion des conflits. En contrôlant la situation et en désarmant la colère de l'autre, j'améliore dans le même temps ma propre réactivité. Cela me donne un avantage important et facilite beaucoup mon sentiment d'être efficace, de mieux m'affirmer. Ceci augmente mon aptitude à désarmer la colère de l'autre... La boucle est bouclée !

◆ *Position dans laquelle on reconnaît ses torts et où l'on ne cherche pas à l'emporter sur l'autre.*

En pratique il est rare qu'un interlocuteur insiste plus de trois fois si la personne qui s'affirme applique la position basse. La règle générale est de ne jamais discuter avec quelqu'un qui reste en colère sous peine d'une escalade symétrique. Si plus aucun contrôle n'est possible, alors autant ne pas être là ! Partir devient la solution la moins risquée.

Exemple

Bernard : « Tu es un idiot, rien n'a été préparé et nous perdons du temps !

Jérôme : – Effectivement, c'est tout à fait vrai... (Affirmation de soi empathique)

– C'est toujours pareil avec toi, tu ne prépares pas et voilà le résultat !

– Je suis d'accord avec toi, je n'ai pas assez préparé ce travail...

– Bon... Et bien...

– C'est normal que tu ne sois pas content... Mais est-ce vrai que je prépare toujours mal mon travail ?

– Non, ce n'est pas ce que j'ai voulu dire...Excuse-moi de m'être emporté ! »

Exercice 41

Observer

Observez les disputes qui peuvent se produire autour de vous. Repérez de quelle manière l'escalade symétrique se met en place et de quelle manière chacun des participants aggrave le problème. Est-ce que les protagonistes écoutent ?

Que se reprochent-ils ? À partir de quel moment plus aucun compromis ne peut se faire ?

Analysez de la même manière, après coup, une dispute vous concernant : quelles sont vos émotions avant, pendant et après ? Pensez-vous vraiment tout ce que vous avez dit ?

S'entraîner

Apprenez à désarmer votre colère en utilisant :

1. l'hypoventilation et la relaxation : « Il est urgent de ralentir ! » ;
2. l'écoute et l'analyse de la position de l'autre ;
3. la restructuration cognitive ;
4. la position basse.

Commencez par des exercices faciles et augmentez la difficulté progressivement. Vous vous surprendrez vous même !

Deux autres techniques existent, à utiliser le plus rarement possible, quand plus aucune autre méthode n'est applicable : la technique du « Normand◆ » et « couper le son ».

◆ *La technique du Normand consiste à ne pas accepter une discussion sans vexer l'interlocuteur. Ne pas s'engager dans une discussion que je ne souhaite pas est une affirmation de soi, de même que de ne pas répondre à une question qui ne me convient pas.*

▶ Savoir ne pas s'engager dans la discussion : la « réponse du Normand »

Parfois, *s'affirmer c'est ne pas discuter*. De manière générale, il est souhaitable de ne répondre qu'aux questions auxquelles nous désirons répondre, et de ne discuter que les sujets qui nous conviennent : « Ce ne

9. Haley, J., 1984.

sont jamais les questions qui sont indiscrètes, mais les réponses quelquefois. »[10]

Si nous nous laissons entraîner dans des conversations que nous ne désirons pas, nous aurons des sentiments pénibles, comme celui de la contrainte ou de l'irritation ou même de la révolte. Nous pouvons finir par en vouloir à notre interlocuteur, alors qu'il suffisait de ne pas entrer dans la discussion.

La méthode dite du « Normand » qui répond : « peut-être que oui, peut-être que non ! » sera dans ce cas très utile. Il s'agit en fait de ne rien dire qui puisse vous engager, de ne rien répondre qui puisse encourager la discussion.

Cela permet de ne pas donner d'informations et de ne pas entrer en conflit. Il suffit de reprendre la verbalisation de l'autre de la manière la plus neutre possible, sans prise de position, et en vérifiant bien de ne pas avoir de composante de communication agressive. Ne pas ironiser, ni agresser, ni manipuler.

Exemple :
Bernard : « Tous les politiciens sont des ordures !
Jérôme : – Il y a certainement du vrai dans ce que tu dis. Il y a peut-être aussi des exceptions. »
La réponse de Jérôme ne laisse en fait rien transparaître et donne une bonne probabilité que la conversation s'arrête là.

Savoir ne pas écouter : « couper le son »

Parfois, mais assez rarement, *ne pas écouter* est la seule solution préconisable. Par exemple, lorsqu'une personne est agressive ou bien qu'elle critique quelqu'un, il est peut-être impossible ou trop coûteux d'intervenir d'une autre manière. Cela se produit en général avec des gens que nous connaissons peu, ou bien avec lesquels une discussion est inutile. Partir reste préférable bien que ce soit quelquefois difficile. Imaginons que la situation se présente dans un train bondé et qu'il soit impossible de changer de place !

« Couper le son » consiste à se retrancher dans sa pensée ou bien à écouter autre chose. Cela permet de ne pas répondre et de ne pas perdre de temps en émotions, pensées ou conflit désagréables.

Le tableau présenté page suivante récapitule les différentes techniques d'affirmation de soi.

Les techniques utilisées en affirmation de soi sont rangées dans ce tableau en fonction de leur utilisation la plus fréquente, depuis les situations les plus générales jusqu'aux situations les plus intimes. On peut considérer qu'il s'agit d'une « boite à outils » dont il faut apprendre à se servir.

10. Coward, N., *Quatuor*, Paris, France Illustration, 1995.

Repérez avec quelles méthodes vous vous sentez le plus à l'aise et celles qui sont plus difficiles à employer.

L'étendue de l'application des techniques est indicative, étant entendu que les relations générales et intimes peuvent être concernées par chacune d'entre elles.

Le chapitre suivant abordera les différents cas de figure dans lesquels ces techniques sont employées et de quelle manière les mettre en œuvre.

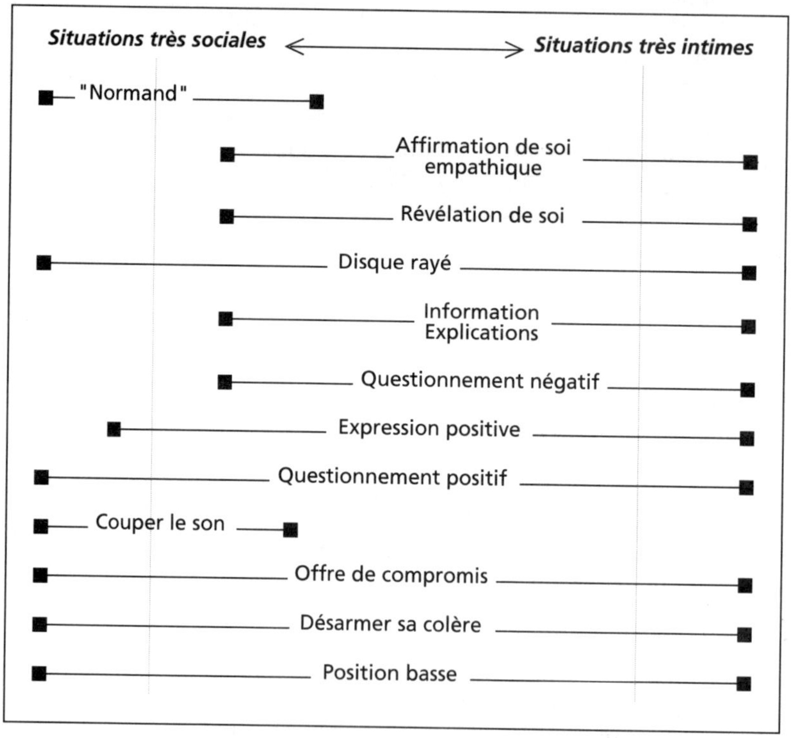

Les techniques d'affirmation de soi : leur application en fonction des situations

CHAPITRE

6

COMMENT ABORDER LES SITUATIONS PROBLÉMATIQUES ?

Quand faut-il s'affirmer ? Probablement tout le temps ou tout au moins le plus souvent possible. En pratique cependant nous avons pu mettre en évidence six groupes principaux de situations comprenant, à mon avis les cas de figure les plus courants. Ce sont :

1. Faire une demande
2. Donner une réponse, opposer un refus
3. Les situations de compliment : - Faire un compliment
   - Recevoir un compliment
4. Les situations de critique : - Faire une critique
   - Recevoir une critique
5. Verbaliser un avis, une idée, ou un sentiment
6. Les situations de conversation : - Engager la conversation
   - Poursuivre une conversation
   - Terminer une conversation

Comment poser le problème d'une affirmation de soi ?

Quelques questions préliminaires sont importantes à poser : Quel est le problème ? Avec qui ? Où ? Quand ? Suis-je assez entraîné pour m'affirmer dans la circonstance concernée ?

▶ Quel est le problème ?

Dans certains cas, c'est clair, dans d'autres pas. La liste des six situations-types, présentées ci-dessus est une aide précieuse pour définir de manière précise les difficultés que vous avez.

Un exemple permettra de mieux expliquer comment répondre à la question (voir ci-contre).

La définition du problème est : *difficulté pour engager la conversation, entraînant des réactions émotionnelles importantes, accompagnées du sentiment d'être jugé*. Le comportement résultant est l'impossibilité de parler. La conséquence est une perte de confiance en soi.

La plupart du temps, plusieurs problèmes se posent. Ainsi Denis a également beaucoup de difficultés pour *refuser* et *demander*. En faire une liste, et les ranger par ordre de difficulté croissante et/ou d'importance pour soi permet de mieux construire son plan d'apprentissage de l'affirmation de soi.

Exemple

Denis a du mal à engager la conversation et à la maintenir. Il ressent à ce moment un malaise important se traduisant physiquement par de la transpiration, une sensation de serrement de poitrine, et de rougeur au niveau du visage. Il se sent alors jugé par l'interlocuteur et ne peut plus parler.

Types de problèmes	Évaluation de la difficulté de 0 à 10 0 = pas de difficulté 10 = difficulté maximale	Évaluation de l'importance pour moi 0 = le problème n'a pas d'importance 10 = importance maximale
1) Difficultés pour engager la conversation et la maintenir	9/10	10/10
2) Difficultés pour refuser	7/10	6/10
3) Difficultés pour demander quelque chose	5/10	8/10

L'exemple de Denis

Deux façons de s'entraîner à l'affirmation sont possibles à partir de ce tableau : soit *travailler de la situation la plus facile vers la situation la plus difficile*, soit *traiter le problème le plus important en priorité*.

Denis a choisi la seconde façon et a décidé de traiter dans un premier temps, de manière progressive, sa difficulté pour engager la conversation.

▶ Avec qui, où, quand ?

Ces questions explorent dans quelles circonstances le problème existe et permettent de hiérarchiser les situations en fonction de la difficulté que nous avons.

Pour ce dernier point, l'utilisation de la figure de la cible, précédemment exposée, est une bonne façon de procéder.

Dans l'exemple ci-dessus, Denis a rangé les informations de la manière suivante :

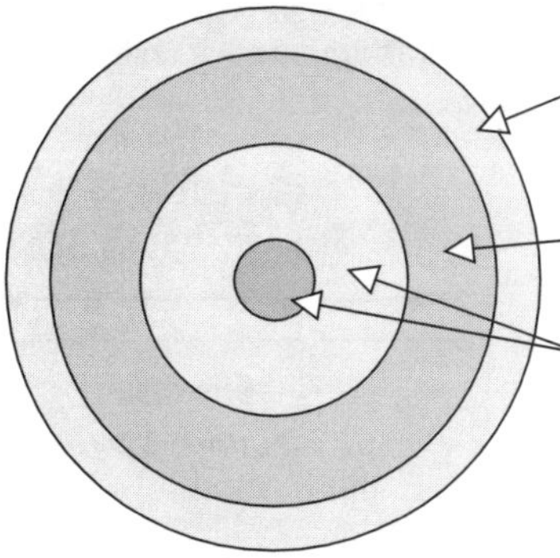

Figure 14 : l'exemple de Denis

L'étape suivante est de commencer à s'affirmer dans les situations les plus faciles. Dans ce cas, le contexte qui ne pose pas de problème pour engager la conversation est familial. Le fait de s'entraîner en famille permet de bien acquérir les techniques, sans risque et sans angoisse : on apprend bien surtout dans le calme et quand tout va bien !

Ensuite seulement Denis pourra s'exposer aux situations progressivement plus difficiles.

Exercice 42

S'entraîner

Quels sont les principaux problèmes d'affirmation de soi qui se posent pour vous ? (Aidez-vous de la liste des six types de situation : faire une demande, donner une réponse et faire des refus, les situations de compliment, les situations de critique, verbaliser un avis, une idée ou un sentiment, les situations de conversation.)

Rangez ces problèmes en fonction :
1. de la difficulté qu'ils représentent pour vous ;
2. de l'importance de ce problème pour vous. (Pour cela, demandez-vous : quelle aptitude changerait beaucoup de choses pour moi si je l'avais, en choisissant parmi les six cas de figure ?)

De quelle manière aurez-vous tendance à commencer votre entraînement ?
1. Par les problèmes plus faciles d'abord.
2. Par le problème le plus important pour vous, mais progressivement.

▶ Suis-je assez entraîné pour m'affirmer dans la circonstance concernée ?

S'exposer, c'est affronter la situation-problème en contrôlant bien ses émotions, sa pensée, et en ayant un entraînement suffisant à la méthode d'affirmation de soi. Aller trop vite peut faire souffrir. C'est presque toujours inutile.

En cas de doute sur votre aptitude, revenez à l'étape antérieure et faites plusieurs exercices jusqu'à ce que vous vous sentiez plus sûr de vous. Dans le cas de Denis, l'entraînement à commencer et à poursuivre une conversation en famille lui a permis de se sentir de plus en plus à l'aise pour trouver des « idées » afin de parler. Au fur et à mesure de son entraînement, il s'est senti plus sûr de sa technique et ses émotions ont été moins paralysantes. Il a pu ainsi affronter de plus en plus de situations jusqu'à pouvoir parler en public sans aucun problème, et participer à des soirées entre amis avec plaisir. Le fait d'aborder de jolies femmes n'est également plus un problème insurmontable...

Les trois règles pour savoir s'affirmer face à un interlocuteur

- ▷ Ne pas se justifier
- ▷ Ne pas dériver
- ▷ Ne pas « trop » expliquer

Exemple

Sophie téléphone à Mireille :
« Bonjour Mireille, c'est Sophie.
- Bonjour Sophie, comment vas-tu ?
- Très bien, et toi ?
- Moi aussi, que veux-tu ?
- Écoute, depuis quelque temps, j'organise des réunions de vente à domicile, et j'aimerais en faire une la semaine prochaine, peux-tu venir ?
- Je ne sais pas... C'est quand ?
- Mercredi soir !
- Mercredi, je ne peux pas, il y a les enfants...et mon mari ne serait pas content [justification]...
- Tu es sûre ? Bertrand (le mari) ne s'opposerait pas tant que ça... et tes enfants, tu pourrais les emmener, ils joueraient avec les miens !
- Bon... D'accord... À mercredi. »

Trois règles importantes (voir ci-contre)

Ces « règles à respecter » ont déjà été abordées précédemment. Il importe cependant d'y revenir plus en détail.

▶ Ne pas se justifier

Nous avons souvent tendance à chercher des excuses ou à trop donner de raisons. C'est ce que j'appelle se *justifier*. C'est presque toujours inutile. La justification diminue souvent la clarté du message, et, dans certaines circonstances, donne même à l'interlocuteur des arguments de discussion supplémentaires voire un « bâton pour se faire battre ». Il vaut mieux admettre comme principe que *votre parole suffit* la plupart du temps, sans avoir à donner de raisons supplémentaires à votre comportement. Par contre, reconnaître ses torts immédiatement, ou s'excuser si cela est nécessaire, est particulièrement utile.

Premier exemple

Mireille n'a pas du tout envie de participer à cette réunion mais le fait de se justifier permet à Sophie d'argumenter et d'obtenir sa présence.

Si Mireille avait respecté la règle de ne pas se justifier, le dialogue aurait pu être le suivant (ci-contre) :

Exemple

« Bonjour Mireille, c'est Sophie.
- Bonjour Sophie, comment vas-tu ?
- Très bien, et toi ?
- Moi aussi, que veux-tu ?
- Écoute, depuis quelque temps, j'organise des réunions de vente à domicile, et j'aimerais en faire une la semaine prochaine, peux-tu venir ?
- Non vraiment, ça ne m'intéresse pas du tout.
- Tu es sûre ?
- Oui vraiment, je te remercie d'avoir pensé à moi, mais vraiment ça ne m'intéresse pas ! (Disque rayé)
- Pourtant, c'est très intéressant !
- Vraiment je suis désolée, et je ne voudrais surtout pas que tu le prennes mal...Mais je ne suis pas du tout intéressée, je t'assure ! (Disque rayé, ne pas se justifier)
- Bon tant pis ! Ça ne fait rien. »

Second exemple

Dans ce second dialogue, il est clair que Sophie manque d'arguments pour poursuivre sa demande : un bon disque rayé sans se justifier met en échec les stratégies commerciales les plus sophistiquées !

▶ Ne pas dériver

Dériver consiste à parler ou à se laisser entraîner vers un sujet sans rapport direct avec l'objet de la discussion. Le risque est, comme pour la justification, de rendre la communication bien moins claire. Il faut savoir que dans une discussion, lorsque plus de trois thèmes différents sont abordés, il devient très difficile de continuer à suivre et à écouter... Nous pouvons dans ce cas avoir le sentiment de perdre du temps ou d'être inefficaces.

Par ailleurs, nous pouvons avoir affaire à des personnes dont le but est, pour de multiples raisons, de ne pas aborder le problème dont nous désirons parler. Ne pas dériver est alors une aide précieuse pour maintenir un disque rayé.

Exemple

Josyane vient demander à Robert de la remplacer, à la buvette de la fête scolaire, comme cela était convenu.

« Robert, tu viens me remplacer ?

- Oui, j'arrive... Comment se passe la fête ?

- Bien, il y a du monde et les gens sont contents ! (Dérive)

- J'adore ces fêtes, ça permet de discuter et de faire mieux connaissance avec les parents d'élèves. Tiens, voilà Marie, je vais lui dire deux mots, ça fait longtemps que je ne l'ai pas vue. À tout à l'heure ! »

L'idée de Josyane est d'être remplacée. Le fait de discuter de la fête et de l'intérêt pour les relations permet à Robert de retarder son tour à la buvette !

Dans notre exemple, Robert est de bonne foi. S'il se retrouve avec Marie, ce n'est absolument pas parce qu'il ne veut pas tenir la buvette, mais simplement parce que la dérive de la conversation le lui a permis.

Si Josyane ne dérivait pas, le dialogue pourrait être le suivant (ci-contre) :

Exemple

« Robert, tu viens me remplacer ?

- Oui, j'arrive... Comment se passe la fête ?

- Bien, il y a du monde et les gens sont contents ! Mais pourrais-tu me remplacer tout de suite, je te remercie d'avance.

- Oui bien sûr, à tout à l'heure, repose-toi bien ! »

▶ Ne pas trop expliquer

Les explications sont souvent utiles, voire nécessaires. Cependant, trop expliquer peut également nuire à la clarté du message et conduit en général à une justification ou à une dérive, rendant de plus en plus difficile l'affirmation de soi.

Exemple

Mireille interdit à sa fille, Sylvie, 14 ans, de participer le samedi soir à une sortie en discothèque avec ses amies.

« Non, je ne suis pas d'accord, tu es trop jeune !

- Mais ce n'est pas vrai, toutes les filles de mon âge sortent quand elles le veulent !

- Enfin Sylvie, réfléchis, ces sorties c'est dangereux, on ne sait pas qui tu vas rencontrer, il y a la drogue, je vais me faire un souci monstre, et puis les accidents de voiture...(Explication)

- Tu exagères toujours tout, qu'est-ce que tu peux être vieux jeu... Tu faisais bien des sorties toi quand tu étais jeune. J'ai l'air de quoi avec mes copains ?

- Mais avec qui y vas-tu ? » (Dérive)

Au fur et à mesure que Mireille explique ses raisons, elle donne de plus en plus d'arguments à sa fille et prend le risque d'autoriser la sortie, bien qu'elle ne le désire pas !

Si Mireille n'expliquait pas trop, le dialogue pourrait être le suivant :

Exemple

« Non, je ne suis pas d'accord, à mon avis tu es trop jeune ! (Explication)

- Mais ce n'est pas vrai, toutes les filles de mon âge sortent quand elles le veulent !

- Écoute, je comprends bien que tu souhaites sortir avec tes amis, mais je ne suis pas d'accord du tout. (Disque rayé)

- Tu exagères, qu'est-ce que tu peux être vieux jeu... Tu faisais bien des sorties toi quand tu étais jeune. J'ai l'air de quoi avec mes copains ?

- Non vraiment, je ne suis pas d'accord pour que tu sortes. Tu sais, je ne changerai pas d'avis. (Disque rayé)

- Bon... »

Dans ce second dialogue, Mireille limite l'explication : « À mon avis tu es trop jeune. » Elle utilise ensuite un disque rayé et évite de dériver ou de se justifier. Sylvie manque d'arguments pour poursuivre sa demande. Si, parfois, il est utile et rentable d'expliquer, dans beaucoup de cas cela complique considérablement les choses. Dans l'exemple ci-dessus, Sylvie connaît en fait les « raisons » de sa mère... Elle ne va discuter que pour obtenir la permission de la sortie dont elle a envie. Il est intéressant de garder à l'esprit que trop expliquer sous-entend que l'autre n'a pas les capacités de comprendre, ce qui est faux la plupart du temps ! (Exercice 43)

▶ Comment faire une demande ?

Nous avons beaucoup de choses à demander, depuis des choses simples comme un renseignement, ou l'heure, jusqu'à des choses difficiles comme un service important, une augmentation de salaire, faire une déclaration amoureuse... Faire une demande est une des situations les plus fré-

Exercice 43

Observer

Observez dans votre entourage les justifications, les dérives ou ce qui se passe quand les personnes expliquent trop. Reportez ces dialogues par écrit, ce qui permet de mieux en prendre conscience.

Quelles sont les conséquences sur la communication et l'affirmation de soi ?

Faites la même observation chez vous-même. Reportez par écrit les différentes justifications ou dérives que vous avez pu remarquer.

Quelles sont les conséquences sur la communication et l'affirmation de soi ?

S'entraîner

Transformez les dialogues que vous avez relevé au cours de vos observations en fonction des principes suivants : ne pas se justifier, ne pas dériver, ne pas trop expliquer. Répétez en imagination ces dialogues corrigés et imaginez quelles sont les conséquences sur la communication, la relation avec l'autre et l'affirmation de soi ?

Dans un deuxième temps, entraînez-vous en réalité. Dès que vous repérez un risque de dérive ou de justification de votre part, revenez immédiatement aux méthodes d'affirmation de soi. Même si vous êtes déjà « engagé » dans trop d'explications de dérive ou de justification, il n'est jamais trop tard ! Il suffit la plupart du temps de revenir à un disque rayé pour régler le problème.

quentes. Le tableau ci-contre est particulièrement pratique à suivre et adaptable à presque toutes les situations de demande.

Faire une demande

1. Demander l'autorisation.
2. Verbalisation directe et précise.
3. Affirmation de soi empathique et expression positive de la demande.
4. Vérification que l'interlocuteur est vraiment d'accord pour répondre à la demande. (Parfois les gens acceptent mais ne sont pas vraiment d'accord !)
5. Disque rayé.
6. Révélation sur soi.
7. Offre de compromis.
8. Terminer chaleureusement.

Chaque point de ce plan permet de rendre la communication plus claire, et l'ensemble tient compte de la relation.

Les points 1 (demander l'autorisation), 3 (affirmation de soi empathique), 4 (vérification que l'interlocuteur est vraiment d'accord pour répondre à la demande), 6 (révélation sur soi) et 8 (terminer chaleureusement) favorisent l'attention de l'interlocuteur et respectent son droit d'accepter ou de refuser. Le point 4 est très intéressant. Il permet de favoriser le meilleur contact possible avec l'interlocuteur, soit en augmentant les chances qu'il accepte réellement la demande sans nous en garder rancune, soit en lui permettant un refus avec les mêmes avantages. Les points 2 (verbalisation directe et précise) et 5 (disque rayé) laissent le moins de place possible aux interprétations du message par l'autre, et diminuent en outre le risque de dérive ou de justification.

Le point 7 (offre de compromis) favorise la meilleure solution possible dans le contexte.

Tous ces points ne sont pas obligatoires. Il s'agit d'un tableau indicatif. Cependant *verbaliser directement et précisément* et *terminer chaleureu-*

Exemples

Une infirmière demande un service à une collègue :

« Est-ce que je peux te parler une minute ? (Demander l'autorisation)

- Oui, bien sûr.

- Pourrions-nous, si cela ne te dérange pas trop, intervertir nos jours de garde. Je ferais le jeudi et toi le vendredi. Ça me rendrait vraiment service. Mais surtout, si cela ne te convient pas, n'hésite pas à me le dire, je ne t'en voudrais pas. » (Verbalisation directe et précise, affirmation de soi empathique et expression positive de la demande, révélation de soi, vérification que l'interlocuteur est vraiment d'accord pour répondre à la demande.)

Un chef de service demande un service à une secrétaire :

« Puis-je vous demander quelque chose ? (Demander l'autorisation)

- Oui, que voulez-vous ?

- Je souhaiterais que vous tapiez ce courrier urgent ; je suis vraiment désolé de vous le demander si tard et je sais que c'est l'heure de partir, mais c'est un courrier très important. (Verbalisation directe et précise, affirmation de soi empathique et expression positive de la demande)

« Oh la la ! Ça ne peut pas attendre demain ?

- Je suis très gêné d'insister, mais c'est vraiment un courrier important. (Disque rayé, révélation de soi)

- Bon, je vous le tape.

- Je vous remercie d'avance, ça me rend service, vraiment ! (Terminer chaleureusement)

- Non, non, ce n'est rien. »

Exercice 44

S'entraîner

1. Faites une cible concernant les situations de demande.

Mettez à la périphérie les demandes faciles, au centre les demandes difficiles.

2. Commencez de préférence par les demandes les plus faciles, celles que vous savez déjà faire.

Utilisez les différents points du tableau précédent « Faire une demande » en répétant souvent et en fonction des situations.

3. Quand vous vous sentez assez sûr pour les situations faciles, choisissez une situation plus difficile. Répétez également jusqu'à vous sentir assez entraîné. N'allez pas trop vite, dix petits exercices valent mieux qu'une grosse performance.

4. Continuez de la même manière et augmentez la difficulté jusqu'à ce que vous pensiez que le niveau atteint suffit.

sement sont toujours nécessaires. *Demander l'autorisation* est fortement recommandé. Les autres points sont utilisés en fonction de la situation.

Comment donner une réponse et, plus particulièrement, refuser ?

Savoir dire oui est généralement assez facile ; par contre refuser est souvent difficile ! La plupart d'entre nous, quand nous avons à dire non, ont peur de gêner, de décevoir, de donner une mauvaise image de soi, d'être jugé. Et pourtant il s'agit là d'une *compétence indispensable* à acquérir : si je ne refuse jamais rien, ou peu de choses, je vais très souvent me retrouver dans des situations difficiles... Il n'est d'ailleurs pas sûr que cela me permette de conserver de bonnes relations avec les autres. Si j'essaie de plaire à tout le monde, il est probable que je ferai beaucoup de mécontents, et que l'image que les gens auront de moi ne sera pas celle que j'aimerais qu'ils aient !

Refuser

1. Écouter, faire préciser la demande si nécessaire [écoute active].
2. Verbalisation directe et précise de la réponse.
3. Disque rayé.
4. Révélation sur soi.
5. Expression positive de la réponse, affirmation de soi empathique, recherche d'alternatives et de compromis, explications, affirmation de soi négative, peuvent être également utilisées.
6. Terminer chaleureusement.

Les points 1 (écouter, faire préciser la demande si nécessaire), 2 (verbalisation directe et précise de la réponse) et 6 (terminer chaleureusement) du tableau ci-contre sont à employer systématiquement. Ils permettent à la fois une clarté du message et respectent la relation avec autrui. Le point 3 (disque rayé) est particulièrement utile quand l'interlocuteur insiste. Les points 4 (révélation sur soi) et 5 (expression positive de la réponse, affirmation de soi empathique, recherche d'alternatives et de compromis, explications, affirmation de soi négative) s'emploient en fonction du contexte, surtout quand l'interlocuteur est susceptible,

Exemples

Stéphanie téléphone à Mireille :

« Allô ! Mireille, est-ce que je peux passer te voir ce matin ? J'ai un problème !

- Bonjour Stéphanie, que t'arrive-t-il ? (Écouter, faire préciser la demande.)

- J'ai une pétition à faire signer concernant le transport scolaire.

- Je suis désolée, ce matin je ne peux pas. (Verbalisation directe et précise de la réponse.)

- Ça m'arrangerait vraiment ce matin, je t'assure...

- Je suis d'autant plus gênée, je veux bien voir la pétition, mais je ne peux pas ce matin... Peux-tu passer plutôt vers 16 heures ? Ça serait beaucoup plus facile pour moi ! (Disque rayé, révélation de soi, recherche d'alternatives et de compromis.)

- Bon... d'accord... 16 heures donc...

- Je te remercie de comprendre... À tout à l'heure. » (Terminer chaleureusement.)

Bertrand demande à Alain de lui prêter 1000 francs :

« J'ai besoin de 1000 francs demain, peux-tu me les prêter ?

- Je suis très gêné, et je ne voudrais vraiment pas que nous nous fâchions pour ça, mais c'est non. (Verbalisation directe et précise de la réponse.)

- Pourquoi ? Tu n'as pas confiance ? (Ne pas dériver, ne pas se justifier.)

- Écoute, je t'assure que ça me gêne beaucoup de refuser, mais, vraiment c'est non. (Disque rayé, révélation sur soi.)

- Bon, d'accord, tant pis !

- J'aimerais vraiment que tu ne m'en veuilles pas, crois-moi, je suis désolé. » (Terminer chaleureusement.)

Exercice 45

S'entraîner

1. Définissez une cible concernant les situations dans lesquelles vous avez à refuser (service, travail, amis, vie familiale...).
Mettre à la périphérie les refus faciles, au centre les refus difficiles.

2. Commencez de préférence par pratiquer les refus les plus faciles, ceux que vous savez déjà faire.
Utilisez les différents points du tableau précédent (« refuser ») en répétant souvent. Le disque rayé est à entraîner particulièrement en vérifiant bien de ne pas se justifier ni dériver.

3. Quand vous vous sentez assez sûr pour les situations faciles, choisissez une situation plus difficile. Répétez également jusqu'à vous sentir assez entraîné. N'allez pas trop vite, dix petits exercices valent mieux qu'une grosse performance.

4. Continuez de la même manière et augmentez la difficulté jusqu'aux situations les plus difficiles.

L'entraînement aux refus est plus difficile à organiser que celui des demandes, lequel ne dépend que de vous. L'expérience montre cependant qu'avec un peu de vigilance les situations pour s'entraîner ne manquent pas.

ou que la réponse que je donne est difficile pour lui. Il faut bien vérifier de ne pas se justifier, dériver ou trop expliquer, sinon la formulation du refus risque de devenir très difficile.

Comment faire un compliment ?

Nous remarquons davantage ce qui va mal que ce qui va bien. Nous aurons donc tendance à faire des critiques plutôt que des compliments. Pourtant, comme le dit le proverbe, « les petits cadeaux entretiennent l'amitié ! » Les compliments sont comme les cadeaux...En moins cher !

En langage scientifique, ce que nous appelons « compliment » se nomme *renforcement positif*◆. Cela n'est pas une formulation très poétique, mais elle a le mérite de la précision. Un renforcement positif est un acte, une verbalisation ou un objet dont la présence entraîne une plus grand fréquence du comportement antécédent. Cela a été très clairement établi par l'école de Skinner[1], à partir de l'expérimentation animale : si un rat est placé dans une cage dans laquelle le fait d'appuyer sur une pédale lui fait obtenir des graines agréables à manger, ce rat va se servir de plus en plus souvent de cette pédale. Nous disons que les graines représentent un *renforçateur positif* du fait d'appuyer sur la pédale puisque le rat augmente la fréquence de ce comportement. Si le fait d'appuyer sur la pédale entraîne une « punition », par exemple une décharge électrique, le rat ne s'en servira plus du tout, très rapidement.

◆ Ce sont les encouragements, les compliments que nous pouvons faire ou recevoir. Il est important que ces renforcements soient authentiques, c'est à dire correspondent à quelque chose que nous pensons vraiment.

Pour l'être humain, les choses se passent de la même manière. Nous aurons tendance à augmenter nos comportements productifs et à diminuer ceux qui sont associés à un événement désagréable comme une remarque négative ou une punition.

1. Skinner, B.F., 1974.

Le compliment ne sert donc pas seulement de politesse... C'est un instrument puissant pour renforcer les comportements que nous souhaitons voir se développer !

Par exemple, si je désire que mon enfant soit motivé pour travailler à l'école, il ne faut surtout pas oublier de le complimenter sur ce qu'il a bien fait... Surtout si je dois, dans le même temps, lui faire remarquer ce qui ne va pas. Si je ne fais que le critiquer ou le punir, j'augmente considérablement le risque qu'il perde toute motivation. Il se dira alors : « Faire bien ou ne rien faire revient au même, puisque c'est toujours mal, donc autant ne rien faire ! »

Une fois un premier mouvement de méfiance passé, savoir dire ce qui va bien à ses collègues de travail ou en famille entraîne un changement important de l'ambiance relationnelle. Chacun d'entre nous est probablement « carencé » en renforcements positifs !

De ce point de vue, d'ailleurs, il est important pour soi-même d'apprendre à repérer ce qui est bien fait et à le renforcer, et non pas seulement ce qui est raté...

Qu'est-ce que ne doit pas être un compliment ?

▷ Ce n'est pas quelque chose de faux ou qui n'est pas vraiment pensé. Ce n'est pas « passer de la pommade ». Il est très important que le renforcement positif soit *authentique et réaliste (adapté au contexte).*

▷ Il ne doit pas être vague. Formulez votre compliment *directement et précisément.* Il ne doit pas être retenu, c'est-à-dire fait à moitié ou atténué.

Exemples

Deux médecins après une conférence :
« Puis-je te dire ce que je pense de ton intervention de tout à l'heure ? (Demander l'autorisation.)
- Oui, bien sûr !
- J'ai beaucoup apprécié la qualité de ta communication, réellement. (Verbalisation directe et précise, implication personnelle)
- Je te remercie, ça me fait très plaisir. »

Une secrétaire intérimaire à une collègue avec laquelle elle a travaillé trois jours :
« J'aimerais te dire quelque chose, est-ce possible ? (Demander l'autorisation.)
- Oui, que veux-tu ?
- J'ai particulièrement aimé ta façon de travailler tout au long de ces trois jours, et je te remercie de ta gentillesse. (Verbalisation directe et précise, implication personnelle.)
- Tu exagères, vraiment c'est tout à fait normal !
- En tout cas, vraiment, j'ai eu du plaisir à travailler de cette manière avec toi et j'ai aussi vraiment apprécié ta gentillesse ! (Disque rayé, révélation sur soi.)
- Je te remercie, ça me touche beaucoup. »

Le plan général pour faire un compliment efficace, c'est-à-dire qui soit bien reçu par l'interlocuteur, est le suivant (ci-contre) :

Le point 1 (demander l'autorisation) attire l'attention de l'interlocuteur. Il est utile mais pas obligatoire. Les points 2 (verbaliser un compliment concernant un fait précis, sans retenue, en s'impliquant personnellement) et 4 (disque rayé) rendent plus claire la formulation et améliorent la relation. Enfin, le point 3 (révélation sur soi) rend plus facile l'acceptation du compliment par l'interlocuteur.

Faire un compliment

1. Demander l'autorisation.
2. Verbaliser un compliment concernant un fait précis, directement et sans « retenue », en s'impliquant personnellement.
3. Révélation sur soi.
4. Disque rayé.

Exercice 46

S'entraîner

1. Repérez chez quelqu'un de proche quelque chose à complimenter, par exemple un bijou, une façon d'être coiffé ou habillé, un travail qu'il a accompli, sa gentillesse...

2. Faites tout d'abord à cette personne un compliment facile pour vous, selon les règles données ci-dessus. Observez les conséquences. Souvent votre interlocuteur aura du mal à recevoir un compliment. Dans ce cas, pratiquez le disque rayé et un peu de révélation sur soi.

3. Renouvelez l'expérience plusieurs fois avec la même personne, puis avec d'autres, au fur et à mesure que vous vous sentez plus à l'aise. Observez les conséquences sur vous-même, sur les autres et sur la relation tout au long de votre entraînement.

▶ Comment recevoir un compliment ?

Faire des compliments est parfois difficile, en recevoir peut l'être davantage... Et nous aurons dans ce cas tendance à les refuser ! Il faut savoir que refuser sera en général gênant ou même vexant pour l'autre. Cela ne l'encouragera probablement pas à recommencer.

Lorsque nous recevons un compliment, il est donc important de savoir l'accepter : il s'agit d'un renforcement positif très efficace pour améliorer la relation et augmenter le jugement positif des autres envers soi-même.

Il est possible de recevoir trois types de compliments : les vrais, les faux et les vagues.

Si le compliment est vrai, vous pourrez suivre la démarche suivante (ci-contre) :

Les points 1 (écouter), 2 (accepter le compliment sans retenue) et 4 (terminer chaleureusement) sont indispensables à la clarté du message et au maintien d'une bonne relation. Le point 3 (révélation sur soi) sera utilisé en fonction du contexte et de l'importance du compliment, mais en fait assez souvent.

Recevoir un compliment

1. Écouter.
2. Accepter le compliment sans retenue.
3. Révélation sur soi.
4. Terminer chaleureusement.

Exemple

Une épouse félicite son mari :

« Tu as parfaitement réussi ton gâteau, il est très bon !

- Je te remercie, c'est vrai je suis content de moi, je pense que je recommencerai ! »

(Accepter le compliment sans retenue, révélation de soi, terminer chaleureusement.)

Quand le compliment est faux, la conduite à tenir est très similaire. Mais qu'est-ce qu'un faux compliment ? La question est un peu ambiguë. En effet, le simple fait que je ne sois pas d'accord avec le jugement de quelqu'un d'autre ne veut pas dire que le compliment soit faux.

Par exemple, si quelqu'un me félicite pour une peinture que j'ai réalisée, il se peut que je ne sois pas d'accord avec lui, et que je trouve mon travail plutôt mal fait. Il s'agit cependant d'un compliment vrai, et cette personne a le droit d'apprécier la toile ! Le compliment sera faux uniquement si je reçois des félicitations pour une toile que je n'aurai pas peinte.

Les points 1 (écouter), 2 (accepter le compliment), 3 (rétablir la vérité) et 5 (terminer chaleureusement) du tableau ci-dessous sont indispensables. Le point 4 (révélation sur soi) peut être utilisé moins fréquemment mais reste utile.

Recevoir un compliment indu

1. Écouter.
2. Accepter le compliment.
3. Rétablir la vérité.
4. Révélation sur soi.
5. Terminer chaleureusement.

Exemple

Un architecte remercie un ami : « Je voulais te remercier pour ta recommandation auprès de Monsieur Dupont. Je pense que, s'il a accepté mon projet, c'est grâce à toi.
- Je suis vraiment content pour toi... Et que tu aies pensé que je puisse intervenir en ta faveur. Effectivement, j'aurais pu le faire, mais je t'assure, dans ce cas, je n'y suis pour rien ! (Accepter le compliment, rétablir la vérité.) Merci quand même ! »

Un compliment est vague quand nous ne comprenons pas exactement quel en est l'objet. Dans ce cas, en plus du fait d'accepter, ce qui est la règle générale en affirmation de soi, deux options sont possibles :
- soit nous ferons préciser le contenu, ce qui nous ramènera à un des deux cas de figure précédents (vrai ou faux) ;
- soit nous jugerons inutile d'insister pour savoir. Une « réponse de Normand » devient alors la méthode la plus adaptée.

Tous les points sont nécessaires en fonction de la voie choisie. La révélation sur soi peut également être utilisée avec une grande efficacité, afin d'améliorer la relation.

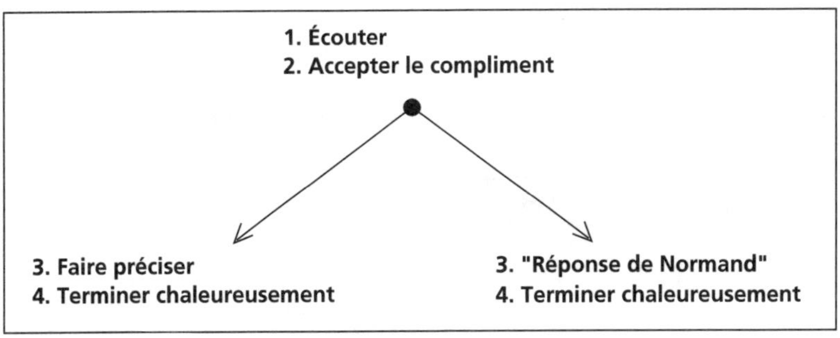

Recevoir un compliment vague

Exemples

Une personne complimente une amie :
« C'est formidable ce que tu fais!
– Je te remercie, ça me fait plaisir que tu penses ça... Puis-je te demander ce que tu as trouvé de particulièrement formidable ? »(Accepter le compliment, faire préciser.)

Le compliment d'un voisin :
« Dans votre famille tout est vraiment fantastique !
- Je suis contente que tu penses ça, il y a effectivement des choses très sympathiques dans ma famille. » (Accepter le compliment, « réponse de Normand »)

Exercice 47

Observer

Quand quelqu'un vous fait un compliment :

Observez vos pensées automatiques et votre tendance à répondre : existe-t-il un refus ? une minimisation ? (Non, non, ce n'est rien...).

Si vous refusez ou minimisez le compliment, observez la réaction de l'interlocuteur.

Faites la même observation concernant les cadeaux et la manière de les recevoir.

S'entraîner

Repérez les compliments que quelqu'un peut vous faire.

Acceptez directement ces compliments avec des composantes non-verbales adaptées (comme un sourire), de la révélation sur soi (comme « ça me fait très plaisir »), et remerciez chaleureusement.

Observez les conséquences relationnelles.

Au fur et à mesure que vous acceptez mieux les compliments, observez l'augmentation de leur fréquence par renforcement positif.

Comment faire une critique ?

Faire une critique est un exercice délicat : « La critique souvent n'est pas une science; c'est un métier, où il faut plus de santé que d'esprit, plus de travail que de capacité, plus d'habitude que de génie. »[2] La plupart d'entre nous n'aiment pas du tout recevoir des remarques négatives et beaucoup de personnes sont extrêmement susceptibles. Il s'agit pourtant d'une situation fréquente, puisque nous ne pouvons pas être toujours d'accord avec ce que font ou disent les autres. Le but est que la critique soit *constructive*, autrement dit qu'elle rende service à l'interlocuteur et ne le décourage pas. Il est bien sûr important, en cas de critique, que la relation avec l'autre reste bonne ou soit même améliorée.

Faire une critique

1. Demander l'autorisation et individualiser la relation.
2. Verbaliser directement et précisément la critique en s'impliquant soi-même (dire « je » et « moi »).
3. Affirmation de soi empathique.
4. Disque rayé.
5. Révélation sur soi.
6. Terminer chaleureusement.

Une critique négative se fera le plus souvent possible *individuellement* (point 1). En effet, une remarque formulée en public est toujours beau-

2. La Bruyère, J., *Les caractères ou les mœurs de ce siècle.*

coup plus mal reçue que si elle est faite en particulier. De plus, demander l'autorisation de faire une critique préserve une bonne relation (la personne aura moins tendance à prendre mal les choses et à se défendre d'emblée) et permet une meilleure attention à ce qu'on va dire. L'interlocuteur fera alors mieux la différence entre la chose critiquée et lui-même. Cela diminue donc le risque de *personnalisation* (c'est-à-dire de trop prendre les choses pour soi) et de *généralisation* (c'est-à-dire de tirer des conclusions négatives générales à partir d'un événement particulier), lesquels sont des modes de réaction très fréquents. Les points 3 (affirmation de soi empathique), 5 (révélation sur soi) et 6 (terminer chaleureusement) complètent les points précédents en laissant le moins de place possible aux interprétations et à la susceptibilité de l'autre.

Les points 2 (verbaliser directement et précisément la critique en s'impliquant soi-même) et 4 (disque rayé) favorisent la clarté du message.

Exemples

« Puis-je te parler un moment, si ça ne te dérange pas trop ? (Demander l'autorisation et un entretien individuel.)

- Oui, tout de suite si tu veux.

- Écoute, surtout je ne veux pas que ce que je vais te dire remette en cause ta compétence générale, je pense vraiment que tu es très compétent dans ton travail ! (Affirmation de soi empathique.)

- Que veux-tu dire ?

- Eh bien ! Je pense qu'il fallait absolument revoir M. Dupont pour le dossier que tu as adressé sans lui en parler. Nous risquons de perdre le marché et c'est embêtant. C'est à mon avis une erreur, mais comme je te l'ai dit tout à l'heure je ne voudrais pas que tu prennes mal ce que je te dis, mais je préfère dire les choses directement ! (Verbalisation directe et précise, révélation sur soi.)

- Tu as bien fait de m'en parler… Je n'avais pas vu l'importance de ce problème.

- Je suis vraiment content que nous soyons sur la même longueur d'onde et que tu ne prennes pas mal les choses. C'est à mon avis plus facile de travailler ainsi… » (Terminer chaleureusement.)

Un médecin s'adresse à un confrère :

« Puis-je te dire quelque chose en particulier ? (Demander l'autorisation et un entretien individuel.)

- Oui bien sûr, que se passe-t-il ?

- Je ne voudrais vraiment pas que tu prennes mal ce que je vais te dire… Pour Monsieur Durand, tu as modifié hier un traitement que j'avais prescrit la veille ; j'ai eu beaucoup de mal avec ce patient et j'aurais préféré que tu me demandes mon avis. (Verbalisation directe et précise, révélation sur soi.)

- Oh ! Tu sais ce n'est pas grave, de toute manière, Durand, tout le monde le connaît, tu ne vas pas en faire une histoire !

- Je suis vraiment désolé si je t'ai embêté avec mon histoire, ce n'est pas dramatique effectivement. En fait, je prends très à cœur ce patient, et, vraiment, j'aurais aimé être prévenu d'un changement de traitement. Je ne voudrais surtout pas que tu le prennes mal. (Disque rayé, révélation sur soi.)

- Non, non, ce n'est rien… La prochaine fois, je te demanderai ton avis.

- Je te remercie, et je suis content que nous puissions travailler ensemble. » (Affirmation de soi empathique.)

Exercice 48

S'entraîner

Avec les personnes de votre entourage :

Repérez des remarques négatives ou des critiques tout d'abord faciles puis de plus en plus difficiles à faire.

Mettez-vous à la place de votre interlocuteur : comment aurais-je tendance à réagir face à la critique que je vais faire ?

Utilisez le plan général donné ci-dessus. Entraînez-vous à *demander l'autorisation de faire une critique*, ce qui se fait rarement et permet le plus souvent d'obtenir un bon résultat.

Refusez systématiquement le conflit (faute de combattants, il n'y aura pas de combat !), tout d'abord en repérant bien *l'escalade symétrique*. Dans ce cas, concentrez-vous, bien sûr pratiquez l'affirmation de soi empathique et le disque rayé. L'affirmation de soi empathique maintient une bonne relation et désarme l'agressivité chez soi et l'autre ; le disque rayé évite les dérives et justifications rendant le message plus obscur.

Comment recevoir une critique ?

« Toutes les critiques sont justes. Il ne reste qu'à les comprendre. »[3]

Recevoir des critiques négatives peut être extrêmement utile. C'est en se trompant qu'on apprend, et lorsque quelqu'un nous fait remarquer une erreur ou nous donne un avis différent la meilleure chose à faire et de savoir en tirer profit. Savoir recevoir des critiques est une compétence très rentable. Cela augmente considérablement le contrôle sur les relations conflictuelles, améliore la confiance en soi, et permet de mieux tirer profit des événements en ne perdant pas trop de temps en susceptibilité...

Comme pour les compliments, trois types de critiques sont repérables :

▷ les critiques vraies, c'est-à-dire celles avec lesquelles nous sommes d'accord et qui correspondent à une chose précise ;

▷ les critiques fausses, autrement dit celles qui ne sont pas justifiées, comme d'être accusé à tort ;

▷ les critiques vagues, lesquelles demanderont ou non, selon ce que nous désirons, à être précisées.

De manière générale, la démarche suivante est applicable quel que soit le type de critique. Chacun des cinq points ci-contre est indispensable à l'affirmation de soi et devra donc être entraîné répétitivement.

Quand nous recevons une critique, nous réagissons souvent de manière émotive, et cela rend difficile l'application du plan précédent. Par exemple, il est très difficile d'écouter quand nous nous sentons contrarié ou en colère.

Recevoir une critique

1. Écouter la critique attentivement, bien faire attention à ses propres composantes non-verbales (rester le plus neutre possible), faire le tri entre ce que vous pensez vrai et ce que vous pensez faux. *Écoutez en priorité en quoi l'autre peut avoir raison ou quelles sont ses raisons.*
2. Si nécessaire, vérifiez le contenu. Bien rester centré sur ce que l'autre a exprimé et non sur une interprétation personnelle. Il peut être utile d'aider l'autre à préciser sa critique.
3. Ne pas paraître agressif ou ironique, ne pas ridiculiser l'interlocuteur.
4. Ne pas minimiser ou maximaliser la critique.
5. Ne pas contre-attaquer.

3. Paulhan, J., *Fautrier l'enragé*, in Œuvres complètes, Paris, P. Oster et J.C. Zylberstein, 1966-1970.

Recevoir une critique justifiée

1. Écouter attentivement et bien attendre que l'interlocuteur ait fini de parler, *admettre clairement et immédiatement l'erreur faite*, ou ce qui vous paraît justifié.
2. Préciser clairement votre position si nécessaire.
(Ex : « Je pense que vous avez raison et qu'il faudrait que je mange moins, cependant je ne suis pas assez motivé pour le moment pour un régime ».)
3. Révélation sur soi si nécessaire.
4. Disque rayé si nécessaire.
5. Enquête négative si nécessaire.
6. Terminer le plus chaleureusement possible.

Dans ce cas, la priorité est de contrôler l'émotion à l'aide de la méthode de relaxation rapide exposée plus haut et de l'analyse de la position de l'autre (ce en quoi l'autre peut avoir raison ou bien quelles sont ses raisons, savoir se mettre à la place de l'autre). Un peu de pratique régulière donne presque toujours un résultat très positif !

Le point 1 du tableau ci-contre (écouter attentivement et bien attendre que l'interlocuteur ait fini de parler, admettre clairement et immédiatement l'erreur faite, ou ce qui vous paraît justifié) permet de bien comprendre la critique, mais également de désarmer l'agressivité chez l'autre en le laissant parler, puis en lui restituant ce qui vous paraît juste dans sa critique. Il est difficile en effet de ne pas être d'accord avec quelqu'un qui nous verbalise que nous avons raison !

Par contre, couper la parole peut être vécu de manière agressive par l'interlocuteur, surtout s'il est persuadé que ce qu'il dit est vrai.

Les points 2, 3, 4, 5 (préciser clairement votre position, révélation sur soi, disque rayé, enquête négative si nécessaire) peuvent être très utiles si votre interlocuteur persiste dans sa critique, ce qui est en réalité assez rare. En effet, *reconnaître immédiatement et sans nuance ses torts* ou que l'autre a totalement raison est souvent d'une efficacité redoutable.

Le point 6 est toujours nécessaire afin de préserver une bonne relation.

Pour résumer, comme cela a déjà été exposé dans le paragraphe sur l'affirmation de soi négative, si vous avez fait une erreur, ou si l'autre a raison, reconnaître immédiatement ses torts :

- diminue le risque de conflit ;
- diminue le risque d'être ridicule ;
- permet de montrer votre aptitude à reconnaître vos erreurs, ce qui augmente votre crédibilité ;
- permet d'établir la relation sur une base claire, en donnant un modèle excluant le rapport dominant-dominé.

Exemple

Vous arrivez effectivement en retard à une réunion :

« Vous êtes en retard à la réunion et ça ennuie tout le monde !

- Oui, c'est vrai, et je suis inexcusable. (Admettre clairement et immédiatement l'erreur faite.)
- Je suis vraiment désolé de vous faire cette remarque mais j'aimerais que vous arriviez à l'heure ! (L'interlocuteur se radoucit un peu.)
- Je suis tout à fait d'accord avec vous et je ferai mon possible pour être à l'heure lors des prochaines réunions. (Admettre clairement et immédiatement l'erreur faite, disque rayé.)
- Je vous remercie... Vous comprenez, c'est difficile de recommencer le travail à chaque nouvelle arrivée ! » (L'interlocuteur est un peu gêné et commence à se justifier.)

> **Recevoir une critique infondée**
>
> 1. Écouter attentivement et *bien attendre que l'interlocuteur ait fini de parler*. Écouter particulièrement ce en quoi l'interlocuteur peut avoir raison ou quelles sont ses raisons.
> 2. Donner de l'information (de manière claire et précise, directement). Utilisation possible de l'affirmation de soi empathique.
> 3. Disque rayé.
> 4. Révélation sur soi.
> 5. Enquête négative.
> 6. Offre de compromis, recherche d'alternatives, si nécessaire.
> 7. Terminer chaleureusement.

Si la critique est fausse, il est inutile de se défendre d'emblée, il suffit de rétablir la vérité !

Il est très important de se rappeler les règles : ne pas se justifier, ne pas dériver, ne pas trop expliquer, chacune de ces tendances entraînant le risque de rendre le message moins clair et de mettre au premier plan un conflit plutôt que les choses concrètes. Même si nous avons raison, la façon de le dire, en fonction de la personne à qui nous nous adressons, peut aboutir à l'inverse de ce que nous désirons ! Par exemple, certaines personnes se vexent si facilement qu'elles préféreront perdre beaucoup plutôt que d'admettre une erreur. Cette particularité peut nous porter préjudice si nous ne savons pas dire les choses en tenant compte d'une telle susceptibilité.

De même, ce n'est pas obligatoirement parce que j'ai raison ou que la « justice » le voudrait que j'obtiendrai gain de cause ! Quelqu'un qui se « plaint trop », même avec des raisons justes, peut devenir gênant ou pénible pour les autres... Dès lors l'application du plan précédent donnera le plus souvent un bon résultat : obtenir raison et garder un bon contact avec autrui.

Le point 1 (écouter attentivement et bien attendre que l'interlocuteur ait fini de parler, écouter particulièrement ce en quoi l'interlocuteur peut avoir raison ou quelles sont ses raisons) permet de bien comprendre le message de l'interlocuteur tout en maintenant la meilleure relation possible. Les points 4 (révélation sur soi), 6 (offre de compromis, recherche d'alternatives) et 7 (terminer chaleureusement) sont surtout centrés sur le contrôle d'un conflit possible avec l'interlocuteur. Les points 2 (donner de l'information) et 3 (disque rayé) favorisent la clarté du message.

Le point 5 (enquête négative) est surtout utile quand l'interlocuteur poursuit sa critique, bien que vous ayez plusieurs fois pratiqué le disque rayé. Il est intéressant de se demander alors s'il ne vous reproche pas autre chose ! Beaucoup de personnes n'osent pas verbaliser directement ce qu'elles pensent et prennent beaucoup de détours... Par exemple, si quelqu'un me reproche avec insistance de ne pas avoir fait un travail, alors que celui-ci a été correctement accompli, et que j'ai utilisé un disque rayé suffisamment persistant, il devient intéressant de dire : « Ce travail, je vous assure, je l'ai fait... Mais avez-vous autre chose à me reprocher ? (Enquête négative.)

Dans le cas d'une critique vague, deux possibilités se présentent : soit vous désirez faire préciser la critique, par écoute active ou enquête négative, soit vous ne le désirez pas. Dans cette seconde éventualité, la meilleure méthode est celle de la « réponse de Normand ».

Exemples

« Je ne peux pas compter sur toi ! Tu as oublié de me transmettre le message d'un client : Dupont !

- Je t'assure, je n'ai pas reçu de message te concernant. (Donner de l'information de manière claire et précise, directement.)

- Dupont m'a dit qu'il avait laissé sa commission à une femme, ce ne peut-être que toi !

- Vraiment, je n'ai reçu aucun message te concernant. (Disque rayé)

- J'en ai assez, je ne peux pas te faire confiance.

- Je suis vraiment désolée pour toi, je sais que ce M. Dupont est un client important, mais je t'assure que je n'ai reçu aucun message de lui te concernant. (Disque rayé, affirmation de soi empathique.)

- Comment expliquer alors que M. Dupont dit qu'il a laissé ce message au bureau ? (L'interlocuteur commence à douter.)

- Je ne sais vraiment pas, mais je t'assure, je n'ai reçu aucun message... je me sens très gênée que tu ne me croie pas... (Disque rayé, révélation sur soi.)

- Je ne comprends pas alors ce qui s'est passé... (L'interlocuteur renonce à sa critique.)

- Écoute, je suis vraiment désolée pour toi, mais je n'ai reçu aucun message... Peut-être est-ce quelqu'un d'autre qui l'a reçu ? » (Disque rayé, recherche d'alternatives.)

« Je ne suis vraiment pas contente, tu as encore oublié de fermer la porte d'entrée ce matin !

- Non, je t'assure, je me souviens très bien l'avoir fermée. (Donner de l'information (de manière claire et précise, directement).)

- En plus tu es de mauvaise foi... Vraiment la vie avec toi devient impossible !

- Écoute, pour la porte je me souviens très bien l'avoir fermée ce matin... Mais as-tu autre chose à me reprocher ? » (Disque rayé, enquête négative.)

Si vous choisissez de faire préciser la critique, vous vous retrouverez avec un des deux cas de figure précédents : une critique vraie ou une critique fausse.

Éclaircir une critique vague

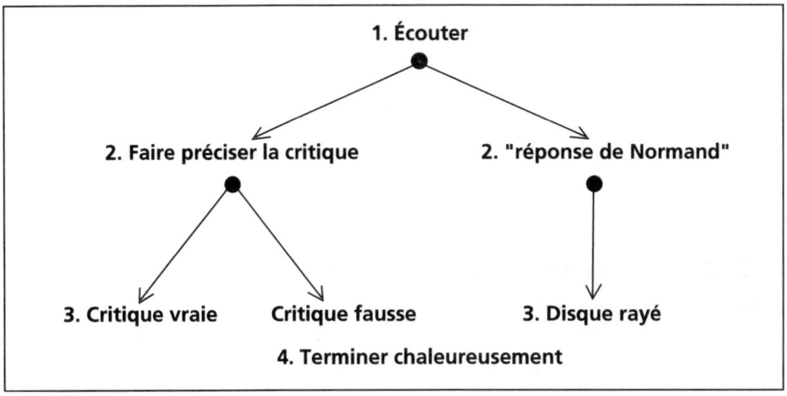

Exemples

« Tu es vraiment bête !

– Qu'est ce qui te fait dire ça ? (Faire préciser.)

- Tu as parlé de mes projets à Nathalie, je ne peux rien te confier !

- Je t'assure vraiment, je n'ai absolument pas parlé de toi à Nathalie. (Donner de l'information de manière directe et précise en s'impliquant.)

- Comment est-elle au courant alors ?

- Je ne sais vraiment pas... Mais moi, je n'ai absolument pas parlé de tes projets à Nathalie. » (Disque rayé.)

« Tous ces médecins, vraiment, ils exagèrent et ne pensent plus qu'au fric !

- Il y a toujours des gens qui exagèrent et sont intéressés uniquement par l'argent, c'est sûr, médecin ou pas ! » (Réponse de Normand.)

Exercice 49

Observer

Observez votre réaction quand vous recevez une critique négative : que ressentez-vous, que pensez-vous, de quelle manière vous comportez-vous ? Quelles sont les conséquences sur la relation ?

S'entraîner

Entraînez-vous en imagination : Il s'agit de se souvenir d'une critique que vous avez reçue. Analysez la position de votre interlocuteur et en quoi il peut avoir raison, ou bien quelles sont ses raisons. Ensuite, imaginez la scène et la ou les réponses affirmées que vous pourriez fournir, sans vous justifier, sans dériver et en expliquant uniquement ce qui est utile dans le contexte. Recommencez souvent cet exercice, jusqu'à ce que vos émotions et vos pensées soient bien contrôlables.

Ensuite, quand vous recevez une critique en réalité, écoutez ce en quoi l'autre a raison ou quelles sont ses raisons. Laissez parler votre interlocuteur sans l'interrompre en vérifiant bien que vos composantes non-verbales ne renvoient pas un message agressif ni ironique. Si nécessaire, pratiquez un exercice respiratoire de relaxation différentielle.

Donnez une information correspondant à la situation : critique vraie, fausse ou vague, sans vous justifier et sans dériver. Si nécessaire, pratiquez le disque rayé, exprimez de l'affirmation de soi empathique ou de la révélation sur soi. Vous pouvez également proposer un compromis.

Observez les conséquences sur vous-même, sur l'interlocuteur et sur la relation au fur et à mesure que vous contrôlez bien la technique.

Profitez de chaque remarque ou critique pour vous entraîner.

▶ Comment faire face à une critique très agressive ?

« Il n'est passion qui ébranle tant la sincérité des jugements comme la colère », nous dit Montaigne dans ses célèbres *Essais*. En face d'une personne agressive, dont on dit communément qu'elle est « hors d'elle », il s'agit de garder un maximum de contrôle sur la situation sinon le risque d'escalade symétrique devient majeur ! Ce n'est d'ailleurs pas facile et parfois impossible...

Dans ces cas extrêmes, commencez par le *contrôle de vos propres émotions*, à l'aide de la relaxation différentielle et de l'analyse de la position de l'autre.

Si cela n'est pas possible, il vaut en général mieux partir et aborder le problème plus tard, après s'être calmé.

Si vous vous sentez assez tranquille, ce qui s'accompagne d'un grand sentiment (justifié) d'efficacité personnelle, il devient réalisable de passer à l'étape suivante.

Recevoir une attaque

1. Écouter attentivement en vérifiant bien que vos composantes non-verbales ne soient pas agressives. Écouter particulièrement ce en quoi l'interlocuteur pourrait avoir raison.

2. Continuer de se calmer intérieurement avec :
- la confrontation des pensées et l'analyse de la position de l'autre ;
- des exercices de relaxation rapide.

3. Affirmation de soi empathique : après que l'interlocuteur a fini de parler (il est le plus souvent inutile de lui couper la parole), lui verbaliser ce en quoi vous êtes d'accord avec lui.

4. Si vous n'arrivez pas à contrôler vos émotions, remettre la discussion à plus tard.

5. Position basse, proposer de discuter calmement du problème.

6. Si nécessaire, faire préciser la critique.

7. Donner de l'information.

8. Si nécessaire, rechercher un compromis ou des alternatives, ou aider l'autre à trouver une solution.

9. Terminer le plus chaleureusement possible.

L'objectif le plus important dans cette méthode que nous pouvons appeler *désarmer sa colère et la colère de l'autre*, est bien sûr d'obtenir la meilleure relation avec l'interlocuteur dans le contexte, ce à quoi correspondent tous les points du plan précédent. Ensuite, il est intéressant de ramener la discussion au niveau d'une critique vraie ou fausse à laquelle vous appliquerez les techniques décrites plus haut.

L'entraînement ne pourra pas se faire progressivement en réalité, car il sera difficile de programmer des situations de plus en plus difficiles. En revanche, il est possible de faire ce travail en *imagination* et de profiter de toutes les occasions pour apprendre à contrôler ses émotions. Il s'agit de remplacer la progression des exercices par la répétition. Seules les situations que vous arrivez à contrôler sont importantes, et il est nécessaire de vous renforcer positivement à chaque fois que c'est une réussite. Les situations dans lesquelles vous avez eu plus de mal comptent très peu, et vous pourrez vous dire que la prochaine fois ce sera mieux... Vous pourrez cependant les utiliser pour les revivre en imagination, en contrôlant les émotions, ce qui sera plus facile et particulièrement efficace pour les occasions suivantes.

L'entraînement nécessaire pour obtenir une bonne performance est plus long, mais le résultat sera très bon si vous répétez souvent ! Tout s'apprend et même les choses que nous avons eu du mal à étudier nous paraissent faciles quand nous savons les faire... Si certains arrivent à faire de l'aile volante, du parachutisme, du ski, à parler devant une foule ou plus simplement à piloter une voiture, il leur a fallu contrôler leurs émotions et parvenir à rendre automatique un savoir-faire qui, sur le moment, ne leur paraissait pas du tout évident à acquérir !

Exemple

Sophie est très en colère contre Brigitte :
« Tu es une faux-cul ! Par-devant tout sourire et par-derrière tu m'assassines ! Je te revaudrai ça, tu verras tu n'as pas fini de le payer... »

Brigitte écoute et prend bien garde de ne pas avoir de composantes non-verbales agressives. Elle se calme à l'aide d'un exercice de relaxation rapide. Après que Sophie ait arrêté de parler, elle prend la parole :
« Je ne sais pas du tout ce qui arrive, mais ça doit être grave pour que tu sois si en colère... Que se passe-t-il ? (Affirmation de soi empathique.)
- Comme si tu ne le savais pas ! Je te dis que tu es vraiment perverse et en plus tu veux garder le beau rôle ! Tu peux toujours courir !
- Écoute, Sophie, c'est vraiment grave... En général, tu n'es pas en colère pour rien, mais je t'assure, je ne comprends pas et j'aimerais beaucoup comprendre, c'est important pour moi. (Position basse, révélation de soi, disque rayé.)
- Eh bien je vais te le dire, tu as dit au chef que je n'avais pas fait mon travail cette semaine... Il m'a engueulée et m'a dit qu'il ne me gardera pas si ça continuait, voilà !
- C'est terrible, s'il t'a dit ça, je comprends maintenant pourquoi tu es si en colère... Pour moi, ce serait la même chose... Écoute, on va parler calmement du problème, car je n'ai absolument pas parlé de toi au chef, et réfléchir à ce qui s'est passé. Es-tu d'accord ? (Donner de l'information, recherche d'alternatives.)

- Je savais que tu allais te défiler... Tu dis que ce n'est pas toi et tu penses que je vais te croire ? Vraiment, tu me prends pour une imbécile !

- Je ne sais pas quoi dire, je t'assure, je suis très gênée, et surtout que tu penses que j'aie pu faire une chose pareille, mais vraiment je n'ai jamais parlé de toi au chef. (Disque rayé, révélation de soi.)

- En tout cas, le résultat est le même, c'est moi qui vais me faire virer... (Sophie est moins sûre d'elle.)

- Écoute, si tu veux, nous allons voir le problème ensemble pour comprendre ce qui s'est passé. D'accord ? » (Aider l'autre à trouver une solution.)

Si Brigitte avait répondu de manière agressive à Sophie, une belle amitié aurait pu se terminer !

Comment verbaliser ce qu'on pense ou ressent ?

Montaigne (*les Essais*) écrit : « Je dis librement mon avis de toutes choses. Ce que j'en opine, c'est aussi pour déclarer la mesure de ma vue, et non la mesure des choses. »

Verbaliser un avis ou un sentiment est parfois très difficile. Nous craignons souvent le ridicule, de paraître incompétent, nous avons peur de ce que les autres vont penser. Beaucoup d'entre nous ont craint parfois de parler en public... Jusqu'à ce qu'une autre personne ose verbaliser l'avis que nous avions !

Nous pouvons également craindre de vexer l'autre, voire ses réactions de colère.

Le proverbe : « Qui ne dit mot consent », devrait cependant nous faire réfléchir ! Si je donne rarement mon avis ou verbalise peu mes sentiments, les autres ne sauront pas ce que je pense, ou pire, pourront interpréter mon silence comme une acceptation.

Les points 1 (demander l'autorisation), 4 (révélation sur soi), 5 (affirmation de soi empathique), 6 (terminer chaleureusement) du tableau ci-contre permettent de garder une bonne relation. Le point 1, de plus, attire

Verbaliser ses sentiments

1. Demander l'autorisation.
2. Verbaliser directement et précisément en s'impliquant personnellement et de manière individuelle.
3. Disque rayé si nécessaire.
4. Révélation sur soi.
5. Affirmation de soi empathique.
6. Terminer chaleureusement.

Exemple

Donner son avis :

« Est-ce que je peux te dire quelque chose ? (Demander l'autorisation.)
- Oui, si tu veux.
- Je pense qu'il faudrait inviter Jérémie samedi prochain. (Verbalisation directe et précise.)
- Tu es sûre ?
- Oui, je pense que c'est indispensable. » (Disque rayé.)

La déclaration d'amitié :

« Puis-je te dire quelque chose ? (Demande d'autorisation.)
- Oui, si tu veux !
- Écoute. J'ai beaucoup de plaisir à te rencontrer et à discuter avec toi, je pense que nous avons souvent les mêmes goûts. » (Verbalisation directe et précise, révélation de soi, affirmation de soi empathique.)

Exercice 50

S'entraîner

Entraînez-vous à verbaliser votre avis, d'abord sur des choses banales, puis progressivement sur des choses plus difficiles. Observez vos émotions et les conséquences sur la relation au fur et à mesure que vous progressez.

Verbalisez vos sentiments en commençant par des situations simples (j'aime ou je n'aime pas), puis progressivement dans des situations de plus en plus intimes (familiale, amicale). Observez vos émotions et les conséquences sur la relation au fur et à mesure que vous progressez.

l'attention de l'interlocuteur. Les points 2 (verbaliser directement et précisément en s'impliquant personnellement et de manière individuelle) et 3 (disque rayé) rendent le message plus clair.

Comment discuter ?

Engager la conversation, savoir la poursuivre et enfin pouvoir l'arrêter sont trois aptitudes à développer soigneusement. Engager la conversation permet de se sentir et de mettre l'interlocuteur à l'aise dans les situations relationnelles les plus diverses (soirée entre amis, voyage, nouveau lieu de travail, etc.).

Savoir poursuivre une conversation permet souvent de mieux faire connaissance, de trouver des centres d'intérêt communs et généralement de mieux s'adapter aux autres au fur et à mesure qu'ils s'adaptent à nous.

Pouvoir arrêter une conversation est utile, soit quand le sujet abordé ne vous intéresse pas, soit simplement par manque de temps au moment concerné.

Dans les trois cas, l'objectif reste bien sûr l'engagement, la poursuite ou l'arrêt de la conversation en gardant ou en améliorant une bonne relation avec l'interlocuteur.

Comment engager la conversation ?

(Voir tableau page suivante.)

Le point 1 mérite d'être explicité.

« Je ne sais pas quoi dire... », « j'ai peur d'être bête... » sont des phrases qui reviennent fréquemment dans les plaintes des personnes ayant des difficultés pour engager la conversation. Le plus souvent, nous cherchons « quoi dire » de manière trop compliquée. Le premier but pour commencer une discussion est de *prendre contact avec l'interlocuteur*, donc un sujet banal suffit largement. Un sujet trop « intelligent », trop culturel ou trop intime, risque de gêner l'autre ! Il sera toujours temps de trouver plus tard un thème intéressant. Il y a en pratique des centaines de choses à dire... Le plus simple est de parler d'un élément tiré du contexte dans lequel nous sommes (par exemple, parler de coiffure chez le coiffeur, de gâteaux à la pâtisserie, des chiens avec quelqu'un qui promène le sien...) ou bien d'un sujet général comme le temps qu'il fait, la ville dans laquelle nous sommes, etc. Un exercice qui surprend beaucoup par son efficacité est de parler de la première chose sur laquelle le regard se pose ! Cela permet d'engager le dialogue et il est très rare que la personne à qui nous nous adressons ne suive pas.

Nous pouvons également commencer une conversation en demandant un renseignement simple ou un petit service. Certains sujets comme la politique ou l'argent, susceptibles d'entraîner une certaine méfiance chez l'interlocuteur, sont cependant à éviter, sauf si la connaissance des personnes présentes ou du contexte rendent ces thèmes possibles.

Le point 2 (plutôt *parler de soi* que de questionner l'autre) évite le risque d'être indiscret et donc de gêner les autres. Par exemple, il vaut mieux dire : « j'habite à Annecy, c'est une ville très agréable... » plutôt que « Où habitez-vous ? ». Il y a ensuite de fortes chances pour que votre interlocuteur vous parle de l'endroit où il vit.

Le point 3 (parler d'un sujet positif) est également important. Nous avons souvent tendance à engager la conversation à propos de quelque chose qui va mal : il fait trop chaud en été, trop froid en hiver, rien ne va, etc. La discussion risque de tourner court ou de devenir désagréable ! Il vaut mieux prendre un thème plus positif. Cela a l'avantage de donner une bonne image de soi et stimule la suite de la conversation. (Exercice 51)

Engager la conversation

1. Choisir le sujet *le plus banal possible* lequel peut être repéré dans le contexte (parler de coiffure chez le coiffeur, de pâtisserie chez le pâtissier, de la décoration dans la pièce...) ou *général* (parler du temps, de la mode...). *Demander un renseignement, un petit service* est également possible. Un sujet banal a l'avantage d'être toujours *facile à trouver, neutre,* donc de ne pas gêner l'interlocuteur, et de ne pas trop *se révéler soi-même.*
2. Plutôt parler de soi que de questionner l'autre (ex. : je travaille à tel endroit, j'habite dans telle ville...).
3. Choisir un sujet plutôt positif.

▶ Une fois la conversation engagée, comment la poursuivre ?

Très rapidement dans les situations de discussion, une difficulté apparaît : *le silence.* Nous ne savons plus quoi dire et la gêne s'installe !

Exemple

« Vous avez un très joli chien... J'aime beaucoup les caniches, je les trouve très affectueux. (Sujet banal, tiré du contexte et plutôt positif.)

- Oui, c'est vrai que ça change une vie d'avoir un chien... Vous en avez un vous aussi ?

- Non, j'en ai grande envie mais j'habite en appartement, pensez-vous que ça pose un problème ? » (Demande de renseignements.)

Exercice 51

Observer

Observez la façon dont les gens engagent la conversation dans les situations courantes. (Souvent ils parlent de choses qui vont mal : le temps est mauvais, il fait trop froid en hiver, trop chaud en été, trop de pluie au printemps...).

Observez des personnes de votre entourage qui engagent la conversation avec des sujets banals mais plutôt positifs. Quelle est la différence ?

S'entraîner

Engagez la conversation uniquement avec un (ou des) sujet banal, issu du contexte dans lequel vous vous trouvez (parlez du marché au marché, de l'école à la sortie de l'école...). Choisissez un sujet plutôt positif, ce qui ne correspond pas en général à notre habitude.

Observez les conséquences sur vous-même, sur l'interlocuteur et sur la relation qui s'établit. En général, votre interlocuteur et vous-même, au début de votre entraînement, vous sentirez gênés ou même mal à l'aise. Ce sentiment disparaîtra progressivement au fur et à mesure de votre pratique.

Vous vous rendrez vite compte que si les gens n'osent pas entrer en relation dans un premier temps, ils sont très souvent contents que vous le fassiez pour eux.

En réalité, il est très simple de poursuivre... Il suffit de ne pas trop compliquer les choses.

Poursuivre la conversation

1. *Posez des questions ouvertes plutôt que fermées.* Ex. : dire « Que pensez-vous de ce qu'a dit Albert ? » au lieu de « Est-ce que ce qu'Albert a dit est intéressant ? » Dans la première formulation (question ouverte), on incite l'interlocuteur à répondre de manière plus complète. Dans la seconde formulation (question fermée), il pourrait répondre seulement par oui ou non.

2. Pratiquez l'écoute active et participante encourageant la discussion.

3. Changez de sujet pour relancer la conversation.

4. Donnez de l'information sur vous, adaptée aux circonstances (depuis verbaliser un avis jusqu'à l'expression des émotions intimes).

5. Utilisez l'information sur l'autre et sur le contexte. Ex. : « Vous habitez Lyon, que pensez-vous de cette ville ? »

6. Recherchez un centre d'intérêt commun.

7. Il est possible de choisir des thèmes dans lesquels vous avez peu de connaissances. Il suffit alors de poser des questions.

Les points 1 (posez des questions ouvertes plutôt que fermées) et 2 (écoute participante et écoute active) sont de très bons moyens de faire « parler »

Exemple

Dans le train Annecy-Paris :

« Bonjour Madame !

- Bonjour Monsieur...

- Trois heures pour Annecy-Paris en TGV, c'est vraiment rapide ! Il fallait bien cinq heures auparavant ! (Sujet banal et positif.)

- Oh ! Bien plus, au moins six heures par le train normal. (La dame parle de « ce qui ne va pas », ce qui est assez fréquent.)

- Je vais assez souvent à Paris, c'est une ville vraiment magnifique. Il faudrait que je prenne le temps de visiter au moins certains musées. La vie culturelle paraît plus développée que dans notre région ! (Sujet banal et positif, révélation de soi.)

- Oui, j'aime bien Paris... Mais ce que je préfère, ce sont les magasins et les spectacles.

- Ah ! Je ne m'y connais pas du tout en spectacles. À vrai dire, j'aime bien le cinéma et le théâtre ! Avez-vous des tuyaux pour voir un spectacle intéressant sans réserver à l'avance ? » (Choix d'un thème, question ouverte.)

La conversation dure quelques minutes sur le thème des spectacles puis s'arrête.

« Mais les Parisiens aiment beaucoup notre région... Les stations de ski ne désemplissent pas ! C'est vrai que c'est particulièrement agréable : une journée de ski et je me retrouve en pleine forme ! (Changement de thème.)

– Je suis tout à fait d'accord, le ski c'est vraiment super... Avec mes enfants et mon mari nous avons commencé il y a trois ans et vraiment nous en profitons au maximum... »

l'autre. Nous nous mettons en position d'écouter, ce qui est souvent plus facile et a l'avantage de montrer de l'intérêt pour l'interlocuteur.

Les autres points sont des méthodes pour encourager le dialogue. Ils évitent de manière efficace les longs moments de silence et diminuent la gêne que pourraient ressentir les personnes en discussion. Le point 3 (changer de sujet de conversation) est particulièrement utile à entraîner. Vous vérifierez aisément que le fait de changer de thème de discussion, même « en sautant du coq à l'âne », sera facilement accepté par votre interlocuteur. À cette fin, reprenez la méthode « pour engager la conversation » et parlez du premier sujet qui vous vient à l'esprit ou que suscite le contexte.

Exercice 52

Observer

Au cours d'une conversation, il arrive presque toujours que plus personne ne sache quoi dire. Observez de tels moments. Comment vous sentez-vous alors ? Que faites-vous dans ces cas-là ?

S'entraîner

Entraînez-vous à changer de sujet au cours d'une conversation. Pour cela, choisissez des thèmes simples tirés du contexte. Essayez les thèmes plutôt que de les juger a priori inintéressants.

Entraînez chacun des points du tableau précédent : écoute active et participante, changer de sujet pour relancer la conversation, donner de l'information sur soi, utiliser l'information sur l'autre et sur le contexte, rechercher un centre d'intérêt commun, choisir des thèmes dans lesquels vous avez peu de connaissances.

▶ Comment arrêter une conversation ?

Parfois, nous n'avons pas le temps de discuter, ou bien tout simplement ne sommes pas disponibles. Il devient alors intéressant de *savoir arrêter la conversation sans vexer l'interlocuteur*. Il s'agit d'une pratique difficile (tableau ci-contre).

Arrêter une conversation

1. Demander l'autorisation.
2. Verbaliser directement et précisément.
3. Si nécessaire, révélation sur soi ou affirmation de soi empathique.
4. Terminer chaleureusement.

Le point 1 (demander l'autorisation) permet d'attirer l'attention de l'interlocuteur, en diminuant le risque de le froisser.

Le point 2 (verbaliser directement et précisément) sera appliqué avec les composantes non-verbales adaptées (calmement, en souriant). Le risque d'incompréhension du message et de dérive en sera limité.

Les points 3 (révélation sur soi ou affirmation de soi empathique) et 4 (terminer chaleureusement) donnent une chance maximum de garder un bon contact.

Exemple

« Est-ce que je peux vous interrompre ? (Demander l'autorisation.)

- Euh ! Oui...

- Je suis désolé, mais je n'arrive plus à écouter du tout... Je ne voudrais absolument pas que cela soit mal pris, ni vous embêter, et je vous assure que c'est un problème me concernant uniquement, mais je n'arrive plus à écouter... Je préfère que nous remettions notre conversation à un autre moment. Est-ce que cela vous dérange ? (Donner de l'information.)

- Euh ! Non, bien sûr.

- Je vous prie de m'en excuser, ne m'en veuillez pas. Nous pourrons reprendre notre conversation plus tard si vous le désirez. » (Terminer chaleureusement.)

Exercice 53

Observer

Dans une situation de conversation que vous n'arrivez pas à interrompre alors que vous le souhaiteriez :

Que vous passe-t-il par l'esprit ?

Que ressentez-vous ?

Qu'avez-vous tendance à faire quand vous croisez de nouveau la personne concernée ?

S'entraîner

Dans des situations similaires, entraînez-vous à interrompre la conversation en suivant le plan indiqué. Ne vous justifiez pas et ne dérivez pas...Vous n'avez pas besoin d'excuses !

Poursuivez votre pratique jusqu'à vous sentir à l'aise, ce qui viendra assez rapidement.

L'entraînement sera suffisant :

– quand vos pensées seront en faveur de votre interlocuteur (analyse de la position de l'autre) ;

– quand vos émotions seront « neutres » ou agréables ;

– quand vous n'éviterez plus la personne concernée ou bien quand cela sera agréable de la rencontrer de nouveau.

Comment agit l'apprentissage à l'affirmation de soi ?

L'entraînement à l'affirmation de soi agit à deux niveaux :

1. C'est une *exposition progressive* aux situations angoissantes et donc cela correspond à une *habituation*. Par exemple, si quelqu'un est anxieux quand il parle en public, cette anxiété sera bien moindre après une centaine d'interventions devant des auditoires que lors de la première fois. Nous dirons que le sujet *s'est habitué* à parler en public.

2. C'est l'acquisition petit à petit de *compétences sociales favorisant l'exposition*. Plus quelqu'un se sent capable d'affronter une situation plus il pourra le faire !

Cet apprentissage se fait de plusieurs façons dont aucune n'exclut les autres :

1. Directement, par entraînement dans la vie quotidienne, en commençant par des problèmes faciles à régler, puis en augmentant progressivement la difficulté.

2. Avec des *jeux de rôle*. Il s'agit alors de mettre en scène, sous forme de petites saynètes, la situation-problème. Cela peut se faire avec un ami, une connaissance. Les jeux de rôle permettent de simuler le problème relationnel et seront répétés jusqu'à ce que vous vous sentiez capable de l'affronter. C'est un excellent moyen de se préparer à l'affirmation de soi dans la réalité ; pratiquer beaucoup de jeux de rôle donne toujours un très bon résultat.

3. Avec des *jeux de rôle en imagination*. Dans cette méthode, il suffit d'imaginer la situation-problème et l'affirmation de soi correspondante. Cette scène en imagination est à répéter souvent et sert de préparation pour s'exposer au problème, dans des circonstances réelles, ou, si cela est trop difficile, d'abord par jeux de rôle.

4. L'*imitation de modèle* est un autre moyen de s'entraîner.

Dans cette méthode, il s'agit de repérer une personne ayant un comportement affirmé dans la situation que vous redoutez, puis d'essayer de faire la même chose qu'elle en imaginant que vous êtes cette personne. Cela peut se faire d'abord en pensée, puis dans un second temps dans la réalité. Le fait d'observer les conséquences de l'affirmation de soi, pour la personne que vous prenez comme modèle, peut être une aide précieuse pour vous encourager à pratiquer.

▶ Quels conseils sont utiles pour un meilleur apprentissage de l'affirmation de soi dans les différentes situations décrites ci-dessus ?

L'affirmation de soi est un apprentissage comparable à celui du solfège ou du piano. En eux-mêmes, le solfège et les techniques pour jouer du piano sont peu intéressants, souvent fastidieux à acquérir, mais très utiles pour pouvoir jouer de l'instrument. Il est possible alors d'« oublier la technique » et d'interpréter un morceau de musique avec plaisir.

De la même manière, une fois les méthodes d'affirmation de soi bien acquises par l'entraînement, on peut « les oublier » pour faire de la « musique relationnelle » ! La seule différence avec le piano (ou n'importe quel autre instrument) est que l'acquisition des compétences est beaucoup plus facile à réaliser !

Il est important de commencer cet apprentissage avec un *bas niveau de performance* et de *répéter* de manière quotidienne (dix petits exercices valent mieux qu'un gros).

Des « exercices » de plus en plus difficiles seront progressivement abordés jusqu'à ce que le niveau de réussite soit satisfaisant. En général, les situations les plus faciles pour un sujet correspondent aux renseignements simples comme demander l'heure ou l'emplacement d'une rue. Des situations plus difficiles sont les demandes de rabais dans les magasins, de renseignements dans une administration, les démarches pour faire respecter ses droits dans les situations communes (place de parking, refus de prêter quelque chose, etc.).

Les problèmes les plus difficiles se retrouvent souvent dans la vie professionnelle ou la vie intime (relations familiales ou amicales).

Il est important de ne pas se décourager, la méthode d'affirmation de soi donnant toujours un bon résultat : si vous avez des difficultés pour marchander un prix, dites-vous que la centième fois le problème sera bien moindre. Vous aurez l'habitude.

Lorsque vous n'arrivez pas à vous affirmer dans une situation trop difficile, n'insistez pas. Entraînez-vous plus progressivement, soit en découpant le problème en plusieurs petites étapes hiérarchisées, soit en vous servant de jeux de rôle en imagination, avec un ami, ou en observant d'autres personnes dans la même situation.

Si vous doutez de l'utilité de vous affirmer dans une situation relationnelle, demandez-vous :

1. Quelle est la part de la peur, de la crainte, de la gêne dans le fait que je ne désire pas affronter cette situation ?
2. Quelle est (ou sont) les choses concrètes que je risque de perdre ou de ne pas obtenir si je ne m'affirme pas ?
3. Quelles seront les conséquences sur mes sentiments et mes pensées ? Ne vais-je pas me sentir irrité, révolté, découragé... Ou éprouver d'autres sentiments pénibles ?
4. Quelles seront les conséquences sur la relation avec la personne concernée (ou les personnes concernées) ?
5. Quelles seront les conséquences concrètes si je réussis à m'affirmer ?
6. Quelles seront les conséquences sur mes sentiments et pensées ?
7. Quelles seront les conséquences sur la relation avec la personne concernée (ou les personnes concernées) ?

Cependant, dans quelques cas, l'auto-apprentissage est insuffisant. Peut-être que certains problèmes persistent malgré vos efforts. Ou encore trouvez-vous difficile de suivre cet apprentissage seul et souhaitez-vous avoir un soutien. Ou la lecture de cet ouvrage vous donne envie d'aller plus loin...

Il est possible, alors, de recourir à une démarche thérapeutique. Mais, pour l'affirmation de soi, celle-ci est bien différente de ce qu'on met traditionnellement sous l'étiquette de psychothérapie ou de psychanalyse.

Il ne s'agit pas d'aller à la recherche des traumatismes de l'enfance ou de fouiller dans votre inconscient.

La méthode proposée est précise, rigoureuse, strictement limitée dans le temps. Elle est vivante et entraînante, accessible à chacun, et très vite vous pourrez percevoir et évaluer vos progrès.

PARTIE

III

L'APPROCHE THÉRAPEUTIQUE

CHAPITRE

7

LES INDICATIONS

L'entraînement à la communication et à l'affirmation de soi, appelé aussi « entraînement aux habiletés sociales », fait partie des *thérapies comportementales et cognitives.* On peut considérer ces dernières comme l'application *scientifique des théories de l'apprentissage* à la psychothérapie. L'emploi de l'entraînement aux habiletés sociales ou à l'affirmation de soi en tant que méthode thérapeutique s'est considérablement développé, depuis 1970, pour les sujets phobiques sociaux.

Wolpe[1] précise : « ... cette méthode est souvent introduite très tôt dans le traitement... L'entraînement à l'affirmation de soi trouve une indication privilégiée dans le déconditionnement des réponses anxieuses inadaptées, installées chez le malade vis-à-vis des personnes qu'il rencontre. »

En France, quelques auteurs ont rapidement fait référence à cette technique[2].

Dans le même temps, des ouvrages destinés aux patients ont été publiés et restent d'une très grande utilité[3].

L'affirmation de soi est utile pour chacun d'entre nous. Elle a été largement employée dans l'industrie, la publicité, le commerce, la gestion des problèmes relationnels au sein d'une équipe de travail. Nous nous contentons ici de donner des informations sur les applications thérapeutiques.

Première et principale indication : la phobie sociale

L'entraînement aux habiletés sociales a été employé avec succès tout d'abord pour traiter les problèmes de *phobie sociale*♦, surtout dans ses formes généralisées. La phobie sociale a été différenciée des autres phobies pour la première fois par Marks et Gelder en 1966[4]. Le concept a été depuis largement validé et repris par le DSM-3[5] en 1980.

♦ *On appelle phobie sociale la peur qui apparaît régulièrement dans certaines situations relationnelles.*

1. Wolpe, J. (1975).

2. Rognant, J. (1970) ; Viala, H., Riviere, B. (1976) ; Bliah-Morra, E., Lamontagne, Y. (1978) ; Cottraux, J., et al. (1977) ; Cottraux, J. (1979) ; Chalvin, D. (1979).

3. Alberti, R. E., Emmons, M.L. (1970) ; Boisvert, J. M., Beaudry, M. (1979).

4. Marks, I. M., Gelder, M. G. (1966).

5. DSM-3 (1980).

Selon les critères du DSM-3-R[6], une phobie sociale est « la peur persistante d'une ou plusieurs situations dans lesquelles le sujet est exposé à l'éventuelle observation attentive d'autrui et dans lesquelles il craint d'agir de manière humiliante ou embarrassante ».

Selon les statistiques dont on dispose, le trouble apparaît à l'âge de 15 à 20 ans et présente une évolution chronique[7]. Les patients consulteraient la première fois vers 27 ans. Autant d'hommes que de femmes seraient touchés. La prévalence sur six mois serait de 0,9 % à 1,7 % chez l'homme et de 1,5 % à 2,6 % chez la femme[8].

La phobie sociale est associée (96,5 % des cas sur une vie entière[9]) et précède souvent la survenue d'un autre trouble.

Un trouble de l'humeur se retrouve dans 35 % des cas[10] et dans 70,2 % des cas sur l'ensemble de la vie. Un autre trouble anxieux se retrouve dans 37 % des cas[11] et dans 70,2 % des cas un trouble panique✦ avec ou sans agoraphobie dans 49,1 % des cas.

Un problème d'alcool coexiste dans 28,1 % des cas, une toxicomanie dans 15,8 % des cas.

Le risque suicidaire parait également plus important que dans la population normale.[12]

Le fait que la phobie sociale précède souvent une autre pathologie psychiatrique suscite des discussions quant à son rôle étiologique✦ dans ces cas.

L'anamnèse✦ familiale des phobiques sociaux montrerait une plus grande fréquence de phobie sociale dans les familles ascendantes par rapport aux sujets témoins, et chez les patients souffrant de trouble panique. L'incidence des troubles de l'humeur serait plus importante que dans les familles témoins mais moins importante que dans celles des patients souffrant de trouble panique[13]. Ces données plaident en faveur d'un facteur familial de la maladie, ce qui ne veut pas dire un facteur d'ordre génétique, l'éducation jouant probablement un rôle majeur dans la constitution du syndrome✦.

Deux types de phobie sociale sont décrits : spécifique ou généralisé. *La phobie spécifique* correspond à la peur bien délimitée d'une situation sociale (par exemple, parler en public, donner un coup de téléphone, assister à un repas de famille...) *La phobie généralisée* est la peur de la plupart des situations sociales.

Les patients souffrant de phobie généralisée présentent un début de maladie plus précoce, un niveau d'éducation plus bas, ont moins souvent un emploi, et vivent plus souvent seuls. Un diagnostic associé de trouble de personnalité est plus fréquent. Le discours intérieur serait également plus négatif. Le problème apparaît donc globalement plus sévère dans la phobie généralisée que dans la phobie spécifique excepté pour le rythme cardiaque plus élevé dans cette dernière[14].

✦ Le trouble panique est une crise d'angoisse intense dans certaines situations.

✦ L'étiologie est l'étude des causes d'une pathologie.

✦ L'anamnèse est l'exploration du passé du patient.

✦ Ensemble des symptômes caractéristiques d'une pathologie.

6. DSM-3-R (1987).
7. Marks, I. M. (1970).
8. Myers, J. K., et al. (1984).
9. Van Amerigen, M., et al. (1991).
10. Stein, M. B., et al. (1990).
11. Barlow, D. H., et al. (1986).
12. Schneier, F. R., et al. (1992).
13. Reich, J., Yates, W. (1988).
14. Heimberg, R. G., et al. (1990)

Certains auteurs[15] ont séparé les phobies sociales primaires des phobies sociales secondaires, survenant après une agoraphobie ou un trouble panique, sur des critères d'âge de survenue (plus jeune pour les phobies sociales primaires), de sexe (plus d'hommes dans la phobie sociale primaire) et d'antécédents anxieux dans la famille ascendante (plus d'antécédents de trouble panique et de troubles anxieux généralisés pour les phobies sociales secondaires).

L'association fréquente de la phobie sociale avec d'autres pathologies rend utile un *diagnostic différentiel*◆.

◆ *Le diagnostic différentiel tend à distinguer un trouble précis de troubles qui peuvent lui ressembler.*

Avec **la dépression**, le diagnostic se fera par rapport au *retrait social* et l'*inhibition* fréquents dans les deux pathologies. On recherchera les symptômes plus spécifiques de la phobie sociale (*crainte d'être jugé dans les situations relationnelles, préexistence de symptômes phobiques avant la dépression*).

Les **agoraphobes**◆ avec ou sans attaques de panique présentent fréquemment des symptômes de phobie sociale lesquels précèdent souvent les symptômes agoraphobiques. L'agoraphobie se différencie cependant par des critères cliniques : plus de symptômes respiratoires, de sensations de malaises. Les phobiques sociaux présentent plus de tremblements, de rougissement[16]. Les situations déclenchantes sont plus centrées sur la crainte de ne pas pouvoir s'échapper dans l'agoraphobie et la crainte du regard des autres dans la phobie sociale. L'âge de survenue (24 ans en moyenne pour l'agoraphobie) et de première consultation (31 ans), de *sex-ratio* (plus de femmes que d'hommes pour l'agoraphobie) sont également différents. Les patients agoraphobes apparaissent plus souvent mariés que les phobiques sociaux[17].

◆ *L'agoraphobie est la peur des espaces ouverts et des lieux publics.*

Les **phobies simples** se différencient cliniquement par la situation phobogène plus spécifique, l'âge plus précoce de survenue, des symptômes anxieux moins marqués[18].

La **timidité** a été différenciée de la phobie sociale[19] par un début plus précoce, une évolution moins chronique ou plus transitoire, un moins grand déficit au niveau de la vie quotidienne, une préoccupation moins importante pour le jugement d'autrui. *Il n'apparaît cependant pas clairement s'il s'agit d'entités isolées ou simplement d'une différence de degré de gravité.* Selon nous, les sujets timides présentent également, une diminution plus marquée des symptômes anxieux quand ils sont exposés en groupe que les sujets phobiques sociaux. Ces derniers ont même parfois un niveau d'angoisse aussi ou plus important au fur et à mesure de l'exposition, si un travail de restructuration cognitive◆ n'a pas été fait au préalable, individuellement le plus souvent, mais parfois également en groupe.

◆ *Technique thérapeutique tendant à modifier les pensées négatives, les croyances, l'estime de soi...*

Le **déficit des habiletés sociales** peut se retrouver chez des patients ne souffrant pas de phobie sociale et, inversement, beaucoup de phobiques

15. Perugi, G., et al. (1990).

16. Amies, P. L., et al. (1983).

17. Idem, *ibidem.*

18. Marks I. M. (1970).

19. Turner, S.M., et al. (1990).

sociaux, particulièrement dans les cas spécifiques, ne présentent pas de déficit des habiletés sociales. Dans ce dernier cas l'entraînement à l'affirmation de soi est inutile.

Dans le **trouble de personnalité schizoïde**✦, les patients présentent un retrait social mais avec *indifférence et peu de réactions émotionnelles.* Il n'y a pas de motivation pour la vie sociale, ce qui n'est pas le cas dans la phobie sociale.

La différence entre **trouble de personnalité évitante**✦ et phobie sociale généralisée est plus difficile à cerner. La question se pose de considérer les deux troubles comme une même entité avec un degré de gravité plus important pour le trouble de personnalité, ou bien comme deux pathologies différentes[20]. De manière générale les patients présentant un trouble de personnalité évitante ont davantage de déficits des habiletés sociales et de comportements d'évitement.

Le **trouble obsessionnel compulsif**✦ peut entraîner un retrait social important en relation avec les obsessions du patient (peur de « contaminer », d'être « contaminé » par les autres, peur de faire du mal, qu'un malheur arrive etc.) ou le temps nécessaire pour ritualiser. On cherchera alors les signes plus spécifiques du trouble obsessionnel lequel nécessite un traitement particulier. Les patients présentant un trouble obsessionnel compulsif et une phobie sociale généralisée répondraient moins au traitement sérotoninergique✦ habituellement prescrit dans ce cas[21].

Les phobies sociales ont bénéficié de traitements médicamenteux et psychothérapiques.

Des médicaments[22] ont été employés avec succès, comme les bêta-bloquants dans les phobies sociales spécifiques, les antidépresseurs IMAO, particulièrement la phenelzine[23], dans les phobies sociales généralisées ou les anxiolytiques comme le clonazepam et l'alprazolam dans les deux indications[24]. Mais, à notre avis, ces traitements médicamenteux ne règlent pas le problème. Il sera presque toujours utile de suggérer une approche psychothérapique pour le maintien des résultats à long terme.

Les traitements psychothérapiques ayant démontré une efficacité certaine sont les *thérapies comportementales centrées sur l'exposition*✦ *avec ou sans restructuration cognitive* et *l'entraînement aux habiletés sociales.*

Les techniques d'exposition associées le plus souvent à un entraînement à la relaxation sont surtout utiles dans les cas de phobie sociale spécifique et généralisée, lorsque les manifestations neurovégétatives sont importantes[25].

Les techniques d'entraînement aux habiletés sociales, en groupe ou individuellement, seront indiquées si un déficit des habiletés sociales est notable[26].

✦ *Personnalité caractérisée par le repli sur soi et la difficulté d'adaptation à la réalité.*

✦ *Personnalité caractérisée par de nombreuses attitudes phobiques de fuite des situations anxiogènes.*

✦ *Trouble dans lequel le sujet est assailli par des idées ou des impulsions qu'il rejette, et s'en défend par des actes rituels (se laver les mains, vérifier, ranger...).*

✦ *Traitement médicamenteux agissant sur la sérotonine, médiateur de l'activité du système nerveux.*

✦ *L'exposition est le fait de confronter le patient aux situations qu'il redoute.*

20. Greenberg, D., Stravynski, A. (1983) ; Liebowitz, M. R., et al. (1985) ; Turner, S.M., et al. (1986) ; Agras, W. S. (1990).

21. Carrasco, J. L., et al. (1992).

22. Marshall, R. D., et al. (1994).

23. Gelernter, C.S. et al. (1991) ; Liebowitz, M. R., et al. (1992).

24. Liebowitz, M. R., et al. (1987) ; Agras, W. S. (1990) ; Davidson, J. R. T., et al. (1994).

25. Ost, L. G., et al. (1981) ; Butler, G. (1985).

26. Shaw, P. (1979) ; Stravynsky, A., et al. (1982).

Les méthodes cognitives paraissent également efficaces, mais surtout associées aux techniques d'exposition, et, particulièrement, favoriseraient un meilleur résultat à long terme[27]. Leur association à l'entraînement aux habiletés sociales est plus controversée mais, à notre avis, intéressante, voire indispensable quand les patients présentent des distorsions cognitives importantes, ce qui est souvent le cas. La restructuration cognitive fait partie des méthodes utilisées par de nombreux thérapeutes[28].

En pratique, l'indication du traitement dépendra de l'analyse fonctionnelle✦. Si un patient présente une phobie sociale spécifique ou généralisée avec des manifestations neurovégétatives✦ importantes, un traitement associant relaxation et exposition graduée aux situations phobogènes est conseillé. Si un déficit des habiletés sociales est au premier plan, le thérapeute pourra proposer un entraînement aux habiletés sociales individuellement ou en groupe.

✦ *Voir le chapitre 8.*

✦ *Oppression, tachycardie, transpiration, tétanie...*

Les deux types de traitements pourront être associés ou non en fonction des symptômes mis en évidence.

Les méthodes cognitives seront indiquées en association avec les traitements précédents, particulièrement avec les méthodes d'exposition, si les patients présentent des distorsions de pensée importantes et pour consolider les résultats à long terme.

Les traitements médicamenteux seront utiles en association avec la psychothérapie quand les manifestations neurovégétatives rendent très difficile ou impossible toute exposition (bêta-bloquants) ou si l'anxiété est forte (anxiolytiques). Les antidépresseurs IMAO sont de prescription plus délicate étant donné les nombreuses précautions d'emploi. D'autres antidépresseurs ont été proposés dans cette indication comme la fluoxétine[29], le moclobémide[30], ou bien un anxiolytique comme la Buspirone[31]. Cependant, les études démontrant l'efficacité sont à notre connaissance encore en cours.

Enfin le traitement d'une pathologie associée (trouble dépressif, trouble panique avec ou sans agoraphobie, trouble anxieux généralisé, problèmes d'alcool ou de toxicomanie, trouble obsessionnel compulsif) est très souvent indiqué, pharmacologique et/ou psychothérapique.

Les autres indications

Les techniques d'entraînement aux habiletés sociales ont été adaptées avec succès :
Pour les *troubles psychotiques chroniques*[32].
Pour les problèmes *d'alcoolisme*, de *toxicomanie*[33].

27. Heimberg, R. G., Barlow, D. H. (1988) ; Mattick, R. P., et al. (1989) ; Heimberg, R. G. (1994).

28. Heimberg, R. G., Juster, H.R., (1994).

29. Black, B., et al. (1992) ; Schneier, F. R., et al. (1992) ; Van Amerigen, M., et al. (1993).

30. Den Boer, J. A., et al. (1994) ;. Bisserbe, J. C., Lepine, J.P. (1994).

31. Schneier, F. R., et al. (1993).

32. Liberman, R. P. (1988) ; Eckman, T. A., Liberman, P. (1991) ; Chambon, O., et al. (1989, 1992, 1993).

33. Marlatt, J. A., Gordon, J. R. (1985) ; Platt, J. J., et al. (1990).

Pour les *problèmes conjugaux et sexuels*[34].
Pour les *problèmes relationnels parents-enfants*[35].
Pour les *troubles de personnalité,* surtout dépendante ou évitante, selon les critères du DSM-3-R, mais globalement presque tous peuvent bénéficier de l'affirmation de soi[36].

Pour les *problèmes dépressifs* : « La dépression peut être à l'origine ou la conséquence d'un manque d'affirmation de soi. De manière générale, les syndromes dépressifs *non mélancoliques et ne faisant pas partie d'une maladie bipolaire ou saisonnière* peuvent bénéficier d'un entraînement à l'affirmation de soi.[37] »

34. Beaudry, M., Boisvert, J. M. (1988) ; Margolin, G. (1987).

35. Gordon, T. (1990).

36. Cungi, C. (1995) ; Guérin, J. (1992).

37. Note I. (1993).

CHAPITRE

8

LE DIAGNOSTIC

Comme pour toute thérapie comportementale et cognitive, l'indication de l'affirmation de soi se fait à partir d'une *analyse fonctionnelle*. Le but d'une telle analyse est de définir la ou les cibles thérapeutiques✦, de convenir des méthodes de mesure de la thérapie, de poser un contrat concernant le nombre de séances et les moyens employés, ainsi que le résultat escompté.

✦ *Comportements ou réactions que la thérapie va s'efforcer de modifier.*

Dans le cadre de l'affirmation de soi, l'analyse fonctionnelle est centrée sur la recherche *des déficits des habiletés sociales*, les hypothèses concernant leur survenue et leur maintien. Le problème est ainsi conceptualisé avec le patient à partir des informations recueillies.

Plusieurs méthodes peuvent être utilisées. Nous en détaillerons quatre : le BASIC IDEA[1], le modèle rétroactif de Fontaine et Ylieff, la grille SECCA, la méthode des cercles vicieux.

Exemple d'analyse fonctionnelle selon les quatre méthodes

BASIC IDEA

Cette méthode est plus un recueil de données qu'une analyse dynamique du problème.

Elle est cependant très utile car elle permet de rassembler, de façon assez exhaustive, les informations à collecter pour une thérapie comportementale. Une fois la grille BASIC IDEA correctement remplie, thérapeute et patient ont une représentation globale du problème et des difficultés qu'ils pourraient rencontrer dans l'application de la thérapie.

1. Lazarus, A. A. (1979).

B	*Behavior*	Comportement ouvert	Comportement inhibé au travail : impossibilité de refuser un service à un collègue ou de faire respecter ses droits. N'a pas reçu d'augmentation depuis 12 ans. Fait la comptabilité de son collègue.
A	*Affect*	Affect qui accompagne ce comportement.	Quand elle se trouve dans une situation concernée : angoisse, révolte non exprimées ; dépression.
S	*Sensation*	Sensations physiques de tension, céphalées (exemple : tension musculaire) qui accompagnent le comportement ouvert.	Transpiration des mains, sensation de tension, céphalées.
I	*Imagery*	Imagerie mentale en relation avec le comportement ouvert.	Pas d'imagerie ni de rêve.
C	*Cognition*	Idées et croyances que le sujet a concernant son comportement, qu'il entretient concernant les possibilités de changement.	« Je suis vraiment une bonne poire ». « Il a du caractère et moi pas ». « Je ne peux pas me permettre de refuser, même si c'est son travail ». « Je n'oserai jamais ». « Il va le prendre très mal ». « Il va faire la tête pendant un mois ». « Ce sera toujours comme ça ».
I	*Interpersonal*	Relations interpersonnelles en connexion avec le comportement-problème.	Collègue de travail qui se décharge sur moi de tout ce qui est pénible.
D	*Drug*	Correspond à l'attrait pour les drogues et médicaments. Dans cette rubrique, il est d'usage de ranger les informations concernant l'état physique.	Anxiolytique, antidépresseur.
E	*Expectation**	Attente du sujet concernant le thérapeute ou la thérapie.	« J'ai un grand espoir que vous m'aidiez ».
A	*Attitude**	Attitude positive, négative ou neutre du thérapeute vis-à-vis du patient.	Le thérapeute trouve la patiente sympathique mais un peu trop plaintive.

* Les deux derniers items ont été rajoutés par Cottraux et coll. en 1985.

La grille Basic Idea.

▶ Le modèle rétroactif de Fontaine et Ylieff[2]

L'analyse fonctionnelle de Fontaine et Ylieff est l'une des plus utilisées par les psychothérapeutes pratiquant les méthodes comportementales. Elle a l'avantage de mettre en lumière :

▷ les relations entre le comportement-problème, le sujet et l'entourage ;

▷ le rôle de l'histoire du patient et du contexte dans lequel il a évolué, ainsi que celui des facteurs déclenchants.

Il devient alors plus facile de définir le problème à traiter, de préciser la méthode thérapeutique et d'évaluer son impact sur les différents éléments en cause.

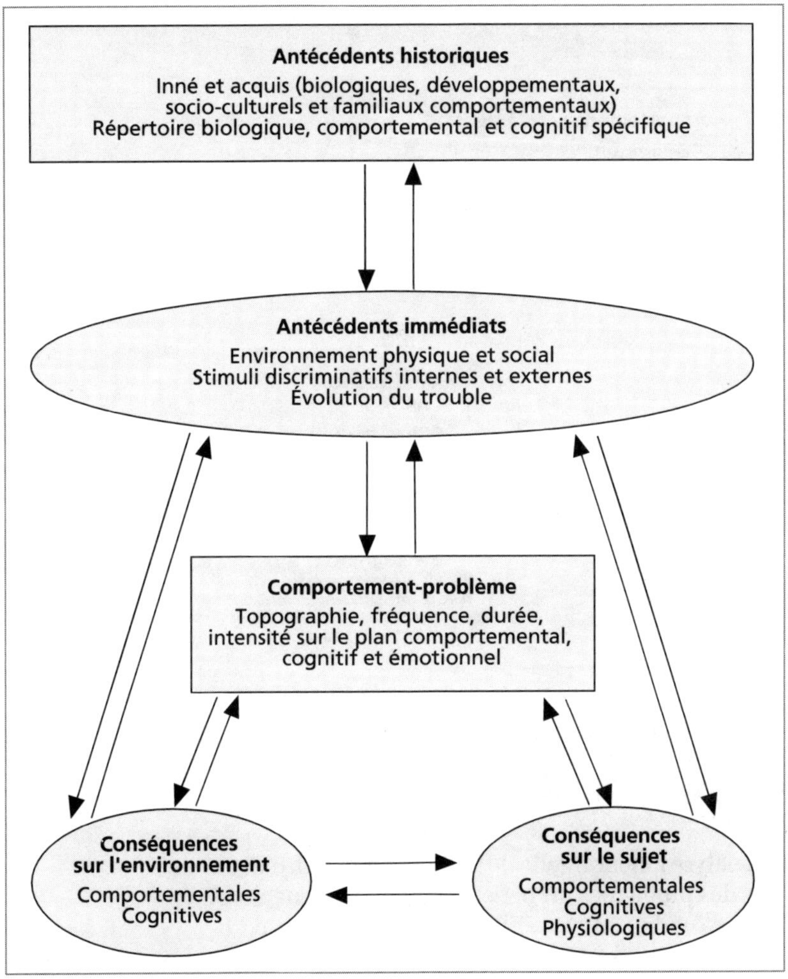

Grille d'analyse sur le modèle rétroactif

2. Fontaine, O., Ylieff, M. (1984).

Grille d'analyse fonctionnelle sur le modèle rétroactif

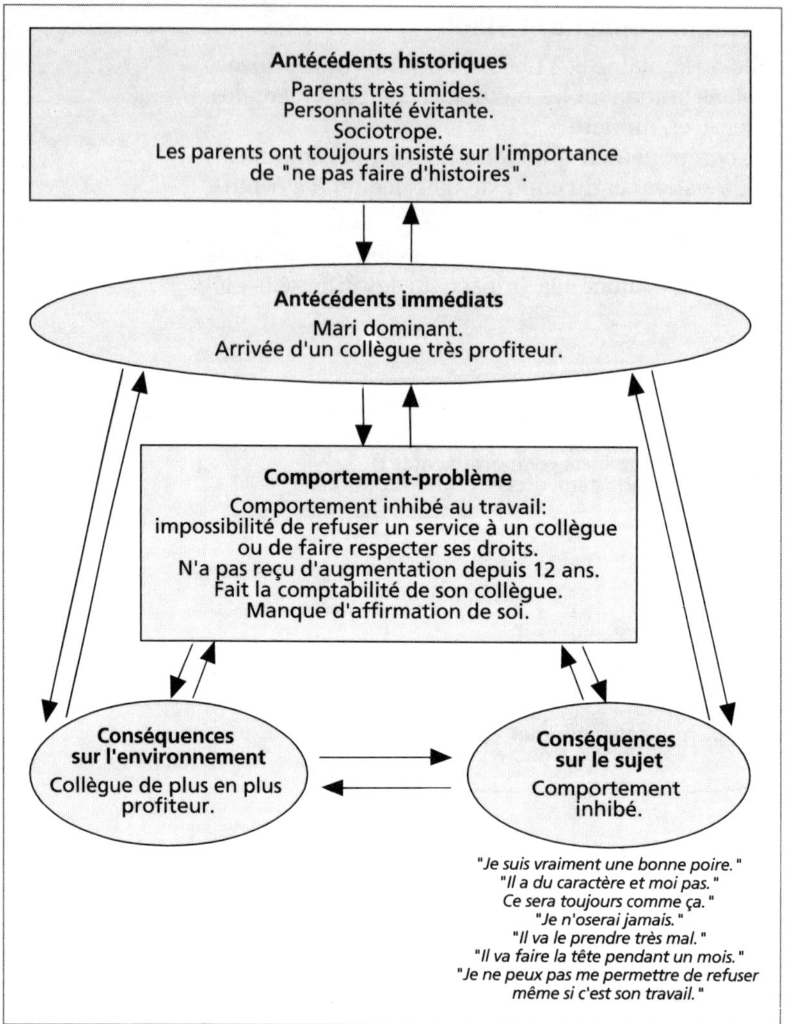

▶ La grille Secca (Stimulus Emotion Cognition Comportement Anticipation)[3]

Cette méthode comporte une partie synchronique et une partie diachronique.

Elle permet, comme l'analyse fonctionnelle de Fontaine et Ylieff, d'avoir une vision dynamique des problèmes du patient « ici et maintenant » et définit le rôle de l'histoire et du contexte. Elle a l'avantage d'être particulièrement complète.

3. Cottraux, J. (1990).

Grille SECCA : la synchronie

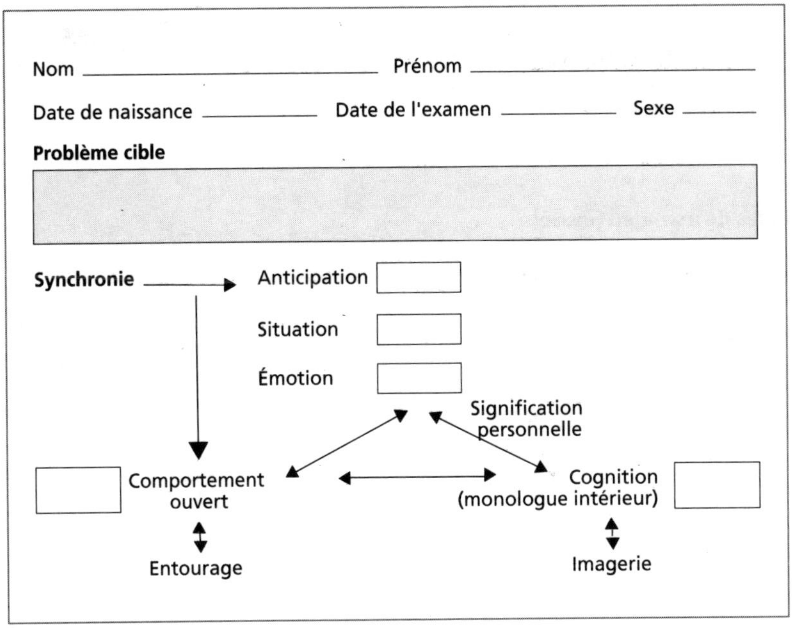

Grille SECCA : un exemple d'analyse synchronique

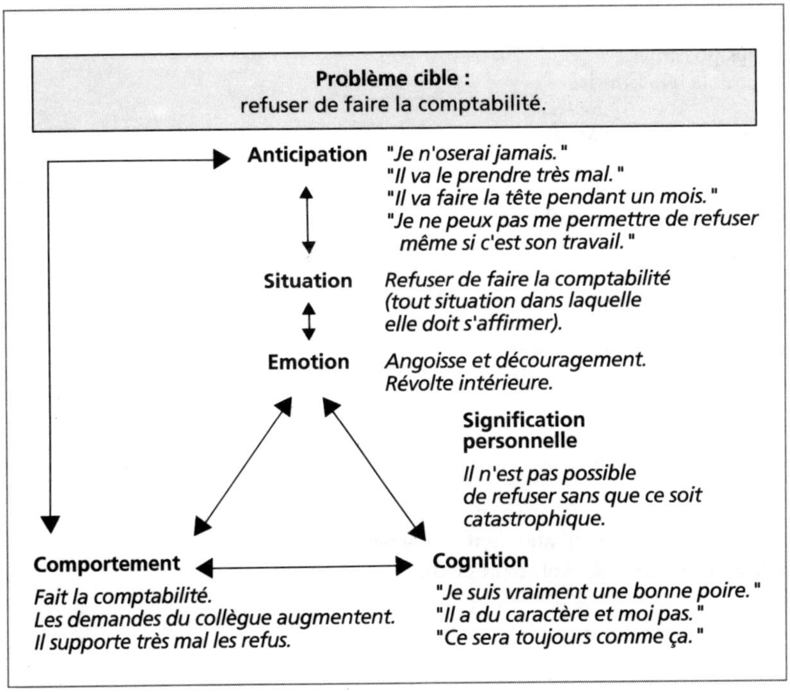

Grille SECCA : la diachronie

DIACHRONIE

1/ **Données structurales possibles** :
Génétiques : –
Personnalité : –

2/ **Facteurs historiques de maintien possibles** :

3/ **Facteurs déclenchants initiaux invoqués** :

4/ **Événements précipitant les troubles** :

Autres problèmes	Traitements antérieurs

Grille SECCA : un exemple d'analyse diachronique

DIACHRONIE

1/ **Données structurales possibles** :
Génétiques : – Parents très timides.

Personnalité : – Personnalité évitante.
– Sociotrope✦.

✦ *Qui fuit et déprécie les relations sociales.*

2/ **Facteurs historiques de maintien possibles** :
– Les parents ont toujours insisté sur l'importance de « ne pas faire d'histoires ».
– Mari dominant.

3/ **Facteurs déclenchants initiaux invoqués** :
– Peur de ne pas faire l'affaire à son travail.

4/ **Événements précipitant les troubles** :
– Arrivée d'un collègue très profiteur.

Autres problèmes	**Traitements antérieurs**
Crises d'eczéma sur tout le corps quand elle est angoissée.	Antidépresseur. Anxiolytique.

▶ Méthode des cercles vicieux

Elle comporte également deux étapes : synchronique et diachronique. L'avantage de cette méthode est la facilité d'emploi, surtout dans le cadre de la collaboration avec le patient.

Dans l'**étape synchronique**, les informations sont rangées selon un schéma circulaire et la recherche des « cercles vicieux » peut être renouvelée aussi souvent que nécessaire au fur et à mesure de la psychothérapie.

L'**étape diachronique** comprend le plus souvent :

Un *génogramme*◆ dans lequel sont précisés :

▹ la qualité des relations avec les différentes personnes concernées, voire avec d'autres personnes non comprises dans la famille ;

▹ les antécédents familiaux notables.

◆ Schéma de l'ensemble des relations familiales du sujet.

L'*histoire du problème*, les hypothèses du patient concernant son origine, sa pérennisation.

Quelle que soit la méthode d'analyse fonctionnelle, celle-ci est faite de *manière collaborative* avec le patient lors d'un ou de plusieurs entretiens préliminaires. Le problème d'affirmation de soi est alors conceptualisé et cela permet l'indication du traitement soit en groupe soit individuel.

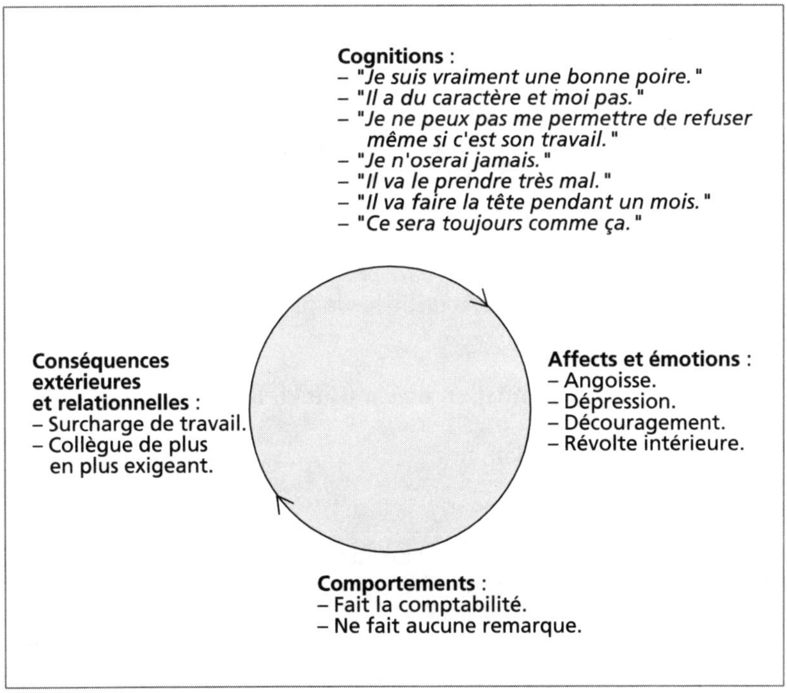

Exemple d'analyse selon la méthode des cercles vicieux

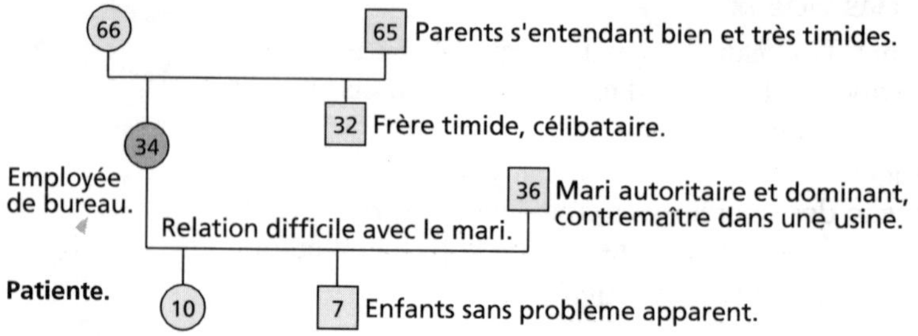

Graphique récapitulatif des mesures pour un traitement.

- ▷ Rapporte l'origine de son problème à son éducation. Elle a appris depuis toute petite à « ne pas faire d'histoire ».
- ▷ Pense que refuser ou s'opposer entraînerait des conséquences catastrophiques.
- ▷ Attend beaucoup de la thérapie et du médecin.
- ▷ Sympathique et collaborative.
- ▷ Traitements antérieurs : pas de psychothérapie, anxiolytiques, antidépresseurs.

Comment mesurer l'efficacité de la psychothérapie ?

L'impact d'une thérapie comportementale doit être mesurée. L'analyse fonctionnelle est donc toujours complétée par une évaluation des résultats.

Pour l'affirmation de soi, cela se fait habituellement à l'aide d'échelles que le patient et le thérapeute remplissent, avant et après le traitement. Le protocole est le suivant. En général, deux mesures sont pratiquées avant le traitement pour chacune des échelles concernées : c'est la *ligne de base*. Une mesure est effectuée à la fin de la psychothérapie et une autre une année après.

Les échelles disponibles en français[4] et que nous utilisons le plus souvent sont :

- ▷ l'échelle d'affirmation de soi de Rathus[5],
- ▷ les échelles de communication et d'affirmation de soi (Cungi, Rey) publiées dans cet ouvrage,
- ▷ le questionnaire des peurs de Marks et Mathews[6],
- ▷ l'échelle anxiété trait-état de Spielberger[7],
- ▷ l'échelle de dépression de Beck[8].

En pratique, l'échelle d'affirmation de soi de Rathus, les échelles de communication et d'affirmation de soi détaillées plus loin, le questionnaire des peurs de Marks et Mathews et l'échelle de dépression de Beck sont suffisantes pour évaluer l'efficacité du traitement. Les méthodes de mesures que nous utilisons sont donc toutes des autoévaluations.

4. Bouvard, M., Cottraux, J. (sous presse).
5. Rathus, S. A. (1973).
6. Marks, I., Mathews, M. (1979).
7. Spielberger, C. D., et al. (1983).
8. Beck, A., et al. (1979).

▶ Les échelles de communication et d'affirmation de soi de Cungi et Rey

Nous avons mis au point dans notre groupe de travail une échelle de communication et une échelle d'affirmation de soi permettant d'analyser les compétences sociales des sujets ainsi que de mesurer leur évolution au fur et à mesure du traitement. Elles présentent l'avantage d'évaluer spécifiquement les problèmes traités dans le cadre de l'affirmation de soi et d'être très simples d'emploi. Elles indiquent particulièrement bien les difficultés à travailler pour chaque personne.

Le patient remplit le questionnaire individuellement, dans le cabinet du thérapeute, lequel n'intervient que pour les explications techniques. Le temps n'est pas limité.

Échelle de communication

Nom : ____________________ Prénom : ____________________

Date : ____________________

Scores	**1**	**2**	**3**	**4**	**5**	**6**	**7**	**8**
1. Je me sens à l'aise dans les situations relationnelles.								
2. Je regarde facilement la personne qui me parle ou à qui je parle.								
3. Je parle assez fort pour être entendu.								
4. Je parle assez distinctement pour être compris.								
5. Je souris facilement.								
6. J'ai une attitude ouverte (posture générale).								
7. Je peux me rapprocher physiquement des personnes à qui je parle, quand cela est souhaitable, sans éprouver de gêne.								
8. J'écoute l'interlocuteur sans l'interrompre.								
9. Je vérifie souvent si j'ai bien compris ce que l'autre a dit.								
10. Je vérifie souvent si l'autre a bien compris mon message.								

Notez à quel point chacune des propositions ci-contre vous correspond :

1. Pas du tout
2. Très peu
3. Un peu
4. Assez
5. Moyennement
6. Bien
7. Très bien
8. Parfaitement

Total

La comparaison des scores des échelles de communication de trente-cinq sujets souffrant de phobie sociale généralisée selon les critères du DSM-3-R9 et des scores de celles de vingt personnes ne présentant pas de trouble psychiatrique et ne faisant pas partie du personnel médical est résumée dans le tableau suivant :

9. DSMIIIr (1989).

Comparaison des résultats à l'échelle de communication◆	Sujets avec phobie sociale	Sujets sans phobie sociale
Nombre de sujets	35	20
Moyenne des scores de l'échelle	**34,11**	**54,55**
Écart-type	10,94	6,74

◆ L'étendue de l'échelle est de 10 à 80. La différence relevée pour les moyennes des scores est fortement significative avec t < 0,001 (test de Student non apparié).

Échelle d'affirmation de soi

Nom : ________________ Prénom : ________________

Date : ________________

Scores	**1**	**2**	**3**	**4**	**5**	**6**	**7**	**8**
1. Je me sens à l'aise dans les situations relationnelles.								
2. Je n'éprouve pas de manifestations physiques dans les situations relationnelles (cœur qui bat vite, transpiration, tremblement, serrement de gorge, sensation d'oppression respiratoire, etc.).								
3. J'ai toujours les idées claires dans les situations relationnelles.								
4. Je fais facilement des demandes.								
5. Je sais refuser facilement.								
6. Je verbalise facilement mon avis ou mes sentiments quand c'est souhaitable.								
7. Je sais facilement engager la conversation.								
8. Je suis à l'aise pour poursuivre une conversation.								
9. Je sais arrêter une conversation si cela est nécessaire.								
10. Je sais recevoir des critiques sans être gêné.								
11. Je sais faire des critiques sans vexer mon interlocuteur.								
12. Quand quelqu'un a un comportement agressif (verbalement), avec moi, je sais en général comment faire pour que cela se termine bien.								
13. Je sais recevoir des compliments sans être gêné.								
14. Je suis à l'aise pour faire des compliments.								

Notez à quel point chacune des propositions suivantes vous correspond :

1. Pas du tout
2. Très peu
3. Un peu
4. Assez
5. Moyennement
6. Bien
7. Très bien
8. Parfaitement

Total

Le patient remplit le questionnaire individuellement, dans le cabinet du thérapeute, lequel n'intervient que pour les explications techniques. Le temps n'est pas limité. Bien expliquer au sujet le second point : s'il n'éprouve pas de manifestations physiques il cote 8, s'il en éprouve beaucoup il cote 1.

Comparaison des résultats à l'échelle d'affirmation de soi◆	Sujets avec phobie sociale	Sujets sans phobie sociale
Nombre de sujets	35	20
Moyenne des scores de l'échelle	**36,8**	**78,55**
Écart-type	8,54	5,1

◆ L'étendue de l'échelle est de 10 à 80. La différence relevée pour les moyennes des scores est fortement significative avec t < 0,001 (test de Student non apparié).

Une étude portant sur différents types de population : personnes timides, sujets souffrants d'un autre trouble phobique (agoraphobie, phobie simple) d'anxiété généralisée et de schizophrénie est en cours pour les échelles de communication et d'affirmation de soi. La comparaison avec les résultats des échelles de Rathus, du questionnaire des peurs de Marks et Mathews, du questionnaire anxiété trait-état de Spielberger, de l'échelle de dépression de Beck, du questionnaire des pensées automatiques de Hollon et Kendall[10] et de l'échelle d'attitude dysfonctionnelle de Beck et Weisman[11] est également en cours.

▶ Quelles questions se poser après l'analyse fonctionnelle ?

▷ Quelle est la commande ?
- Qui a adressé le patient et pour quelle raison ?

▷ Quelle est la demande explicite du patient ?

▷ Quel est ou quels sont les problèmes-cibles les plus intéressants à aborder dans cette situation ?
- Quel est particulièrement la solution de problème qui a le plus de chance de se généraliser ?
- Quel est le problème dont la solution entraînerait un changement important pour le patient et son environnement ?

▷ Les échelles de mesure demandée au patient sont-elles congruentes avec l'analyse clinique ?

▷ Est-ce une indication d'entraînement aux habiletés sociales ?
- Individuellement
- En groupe

▷ Un travail de restructuration cognitive serait-il utile ?

▷ Quel est le contrat passé avec le patient, spécifiant les buts du traitement, le nombre de consultations et les moyens utilisés ?

▷ Quels sont les avantages de la solution thérapeutique choisie pour le patient et le thérapeute ?

▷ Quels sont les inconvénients possibles ?

▷ Quel est le risque ?

10. Hollon, D., Kendall, P. (1980)

11. Beck, A. T., Weissman, A. N. (sous presse).

Exemple du cas analysé

Quelle est la commande ?
Adressée par le médecin généraliste après une conférence sur les thérapies comportementales à laquelle il avait participé avec comme consigne : « C'est une patiente timide, apprenez-lui à dire ce qu'elle pense ! »

Quelle est la demande ?
La patiente insiste sur le fait de ne « pas se laisser faire par son collègue de travail. »

Les échelles de mesure demandées au patient sont-elles congruentes avec l'analyse clinique ?
Échelle de dépression de Beck 13 items : 15. Échelle de Rathus : -34. Les résultats et l'analyse des items confirment l'impression clinique.

Quel est le problème ?
La patiente présente une phobie sociale généralisée selon l'axe I du DSM-3-R et les critères sont suffisants pour poser le diagnostic de personnalité évitante sur l'axe II.

Il parait intéressant de travailler sur la demande de la patiente de régler le problème relationnel, avec comme hypothèse que, après une première expérience de succès, il sera possible de travailler sur l'inhibition générale.

Est-ce une indication d'affirmation de soi ?
La patiente pourra certainement bénéficier d'un entraînement à l'affirmation de soi. Le traitement se fera individuellement dans un premier temps, l'exposition à un groupe étant trop difficile.

Un travail de restructuration cognitive serait-il utile ?
Probablement très utile, associée aux expériences de réussite en affirmation de soi. La restructuration cognitive pourrait porter sur les pensées automatiques en rapport avec la dépression et les conséquences du mauvais jugement des autres sur elle-même.

Quel est le contrat passé avec le patient, spécifiant les buts du traitement, le nombre de consultations, et les moyens utilisés ?
Dix consultations individuelles pour aider la patiente à régler le problème avec le collègue de travail et la restructuration cognitive correspondante. La relaxation et des expositions en imagination pourraient être employées. Le travail en groupe sera éventuellement préconisé après un premier bilan.

Quels sont les avantages de la solution thérapeutique choisie pour le patient et le thérapeute ?
La patiente a déjà établi une relation collaborative et de confiance avec le thérapeute ; il est plus facile pour elle de travailler en entretien individuel. Un traitement « taillé sur mesure » pourra être mis en place plus facilement.

Quels sont les inconvénients possibles ?
L'inconvénient principal est que la thérapie individuelle constitue un évitement de l'exposition au groupe.

Quel est le risque ?
Le risque est, d'une part, que la patiente n'arrive pas à s'exposer en réalité après les séances thérapeutiques (pas de généralisation), et, d'autre part, de créer une relation de dépendance.

CHAPITRE

9

MÉTHODES ET TECHNIQUES

Que doit savoir faire le thérapeute pour pratiquer la psychothérapie ? Les méthodes

La relation thérapeutique : savoir établir un rapport collaboratif

Les thérapies comportementales et cognitives sont des méthodes pédagogiques. Aussi le thérapeute doit-il établir, avec son patient, une relation particulière appelée *rapport collaboratif*. Cela veut dire que la *participation active* du patient est absolument nécessaire au succès du traitement. La métaphore habituelle est celle de deux chercheurs travaillant ensemble à résoudre un problème.

À cette fin, le thérapeute essaie rapidement de saisir la réalité du patient, reconnaît l'importance des problèmes posés et établit le rapport le plus chaleureux, empathique et authentique possible. (Il s'agit d'éprouver de la sympathie pour le patient et de comprendre son problème.)

Un entraînement à la thérapie cognitive[1], à la thérapie de Rogers[2], ou de thérapeute familial structural (l'affiliation selon Minuchin[3]) est très utile pour établir ce type de relation.

Si le rapport collaboratif n'est pas installé, il est le plus souvent inutile de débuter une thérapie comportementale et cognitive.

Comment « fonctionne » la thérapie : les techniques[4]

Procédures d'acquisition de la réponse

Donner des consignes :

C'est l'information concernant les principes de base sur les comportements à acquérir. Cela peut se faire sous forme de cours, de lecture conseillée, de film vidéo.

1. Beck, A.T., et coll. (1979).

2. Rogers, C. (1966).

3. Minuchin, S., (1981).

4. Boisvert, J. M. (1987).

▶ *Apprentissage par imitation de modèle (modeling) :*
D'après Bandura[5], l'apprentissage se fait surtout par modèle. Un sujet observe un comportement et l'apprend. Il acquiert des images, des représentations verbales et cognitives sur ce comportement. *Il est important de remarquer qu'un modèle imparfait est plus efficace qu'un modèle parfait.*

En pratique, le thérapeute peut donner un modèle :
▷ en jouant lui même le rôle de la conduite adéquate ;
▷ en se servant d'un exemple (quelqu'un dont le comportement est jugé affirmé par le patient) ;
▷ à l'aide de films vidéo ;
▷ en demandant au patient de construire un modèle en imagination, soit l'impliquant lui-même en situation, soit impliquant une autre personne.

Procédures de répétition des comportements

Le but est d'aider le patient à se sentir à l'aise face à ce nouveau comportement appris et à le reproduire facilement.

▶ *Jeu de rôle*[6]
Le sujet joue son propre rôle en utilisant les informations données et en répétant la scène plusieurs fois. Il peut également *jouer le rôle de son interlocuteur* (jeu de rôle inversé), ce qui lui permet une analyse de la position de l'autre.

▶ *Jeu de rôle en imagination*[7]
Le patient s'imagine jouer une situation en imagination, en utilisant les informations données par le thérapeute.

▶ *Répétition en réalité*
Le thérapeute demande au patient de faire un exercice d'affirmation de soi en réalité (par exemple, demander un renseignement). Il peut accompagner le patient et lui faire une rétroaction ou un renforcement immédiat.[8]

Les procédures de façonnement de la réponse

Le façonnement consiste à affiner les comportements nouvellement appris au moyen de *l'information, du renforcement*✦*, des techniques du souffleur et du superviseur*✦.

▶ *Information ou feed-back*
Cela consiste à donner une information claire, spécifique et descriptive du comportement observé. Cette information renseigne le patient sur l'effet de son comportement sur la personne avec qui il interagit. Le feed-back peut être positif ou négatif. Il est préférable de donner d'abord un feed-back positif, suivi de consignes pour modifier le comportement inadapté.

✦ *Un comportement est renforcé lorsqu'il est suivi d'une « récompense » (gratification, évaluation positive, encouragements...).*

✦ *Dans le jeu de rôle, le thérapeute indique au patient ce qu'il doit dire ou faire (cf. p. suivante).*

5. Bandura, A. (1976).

6. Ancelin-Schutzenberger, A. (1990).

7. Meichenbaum, D. (1976).

8. Bandura, A. (1969).

L'émetteur du feed-back peut être :

▷ le patient à qui l'on demande de décrire son comportement sans jugement de valeur, ce qui lui apprend à s'observer ;
▷ les membres du groupe qui font un exercice de communication et s'entraînent à parler en terme de comportements observables ;
▷ le thérapeute ;
▷ la vidéo.

▶ *Le renforcement*

Il est utilisé sous forme d'approbations ou de félicitations quand le patient montre une amélioration de son comportement. Que ce soit en jeu de rôle ou *in vivo*✦ (expérience rapportée), ou sur un film vidéo.

✦ *Dans une situation de la vie quotidienne.*

Il est utile d'encourager également les autorenforcements. Deux procédures peuvent être employées :

▷ le façonnement progressif[9]., dans lequel chaque étape conduisant au comportement souhaitable est renforcée ;
▷ la procédure en chaîne[10], dans laquelle le thérapeute renforce la fin de la chaîne comportementale conduisant au but.

▶ *Le souffleur (prompting)*[11]

Le thérapeute guide à voix basse le patient afin d'optimiser la performance.

▶ *Le superviseur (coaching)*[12]

Le thérapeute intervient directement au niveau des composantes non verbales du patient et les modifie dans le sens d'un meilleur résultat.

Procédures de maintien et de généralisation de la réponse

▶ *La restructuration cognitive*

Les patients présentent des croyances irrationnelles, fréquemment centrées sur ce que les autres pensent d'eux.

Le thérapeute aide les patients à repérer « les pensées automatiques »✦ négatives, puis à les modifier dans le sens de la réalité à l'aide le plus souvent des techniques de thérapie cognitive de Beck[13]. La méthode est clairement exposée dans les livres édités en français par Jean Cottraux et Ivy-Marie Blackburn[14] :

✦ *Pensées qui s'imposent au patient sans qu'il en ait nécessairement conscience.*

▷ discuter l'évidence ;
▷ rechercher les alternatives ;
▷ évaluer la croyance dans chaque alternative ;
▷ distanciation.

Les patients font alors l'expérience de la modification des émotions pénibles au fur et à mesure de la modification de la façon de penser.

La majeure partie des travaux sur l'affirmation de soi s'accorde cependant à dire que les *interventions comportementales modifient les cognitions tout autant que les interventions cognitives.*

9. *In* Cottraux, J. (1995).

10. Idem.

11. Chambon, O., Marie-Cardine, M. (1992).

12. Idem.

13. Beck, A. T., et coll. (1979).

14. Cottraux, J. (1992) ; Blackburn, I. M., Cottraux, J. (1988).

▶ *La technique de résolution de problèmes*

D'après D'Zurilla et Goldfried[15], la procédure de résolution de problème devrait amener le patient à être son propre thérapeute, et donc à maintenir et généraliser ses comportements acquis.

Dans une situation difficile, plutôt que d'agir promptement, le patient est incité à réfléchir, à analyser le problème, les solutions et leurs conséquences. L'avantage du groupe dans ce cas est la multiplicité de solutions proposées et leur discussion.

Méthode de résolution de problème

1. Observer, écouter.
2. Définir le problème en termes de buts et d'obstacles.
3. Dresser la liste de toutes les solutions (brain storming).
4. Éliminer les solutions irréalistes.
5. Considérer les avantages et inconvénients à court et long termes des solutions restantes.
6. En choisir une.
7. Déterminer les ressources nécessaires pour l'effectuer, fixer le moment et passer à l'action.

▶ *Les tâches assignées*

Toute thérapie comportementale comporte des tâches assignées qui sont des exercices à faire à domicile entre deux séances.

Trois types de tâches sont généralement demandées.

▷ Des exercices d'observation de son propre comportement et de celui des autres :
- Observation de comportements inhibés agressifs et affirmés, des pensées et comportements correspondants, des conséquences matérielles et relationnelles.
- Analyse de la position de l'autre dans différentes situations.

▷ Des exercices de modification de la pensée et des émotions en situation.

▷ Des exercices d'affirmation de soi correspondant aux jeux de rôle préparés avec le thérapeute, accompagnés d'une observation des conséquences concrètes et relationnelles, ainsi que des émotions et des cognitions.

Assigner une tâche

1. La tâche doit être concrète et précise, réalisable par le patient.
2. Obtenir l'accord du patient.
3. Répéter si possible la tâche en entretien sous forme de jeux de rôle ou en imagination.
4. Renforcer positivement le patient et augmenter ses attentes d'efficacité.

Les tâches assignées sont très importantes et ne doivent pas être négligées, autant dans la préparation que dans l'analyse du résultat avec le thérapeute. Ce dernier sera le plus renforçateur✦ possible.

✦ *Il encouragera et félicitera le patient si celui-ci accomplit bien les tâches proposées.*

Les méthodes issues de la théorie de l'engagement[16] sont une aide précieuse pour engager le sujet dans une tâche assignée. Selon ces auteurs, il est important d'obtenir l'accord « librement consenti » et individuel du sujet, si possible plusieurs fois, et en présence de témoins. La tâche assignée devra également être « coûteuse ». En suivant ces règles, la probabilité que l'exercice soit fait augmente.

Techniques spécifiques pour traiter l'anxiété

▶ *L'hypoventilation*

Le patient reçoit une information sur la physiologie de l'angoisse favorisée par l'hyperventilation, et apprend à modifier son rythme respiratoire en inspirant un temps court et en expirant lentement.

15. D'Zurilla, T. J., Goldfried, M. R. (1971).

16. Joule, R. V., Beauvois, J. L. (1987) ; Beauvois, J.L., Joule, R. V., « La psychologie de la soumission », *La Recherche*, 19, 202, p. 1050 - 1057.

L'objectif est de diminuer les manifestations neurovégétatives de l'angoisse.

▸ *Manœuvre vagale de Valsava*
Elle consiste à réaliser durant trois à cinq secondes une hyperpression abdominale en gonflant le ventre, ce qui a pour effet d'agir rapidement sur le système neurovégétatif.

▸ *La relaxation*
Un entraînement plus long est nécessaire. Le but est que le patient obtienne un état de détente. Plusieurs méthodes sont efficaces : la relaxation rapide, la méthode de Jacobson, le training autogène de Schultz[17].

▸ *La désensibilisation systématique de Wolpe*[18]
Dans cette méthode, le patient, placé sous relaxation, imagine des situations de plus en plus anxiogènes. Le thérapeute demande ensuite au sujet de s'exposer en réalité. Dans ce type de technique, il est important que l'angoisse n'apparaisse pas lors des exercices en imagination (modèle de l'inhibition réciproque✦).

✦ *Le fait d'être détendu inhibe les réactions d'anxiété.*

La désensibilisation est utile pour les situations bien précises dans lesquelles les manifestations neurovégétatives du patient sont importantes (par exemple, l'éreutophobie✦).

✦ *Peur de rougir en public.*

Les techniques décrites ci-dessus s'appliqueront soit en traitement individuel, soit dans le cadre d'un groupe thérapeutique.

Comment appliquer la thérapie ? Thérapie individuelle ou en groupe

L'affirmation de soi se pratique surtout en groupe. Cependant, il peut parfois être utile d'appliquer la méthode individuellement.

▸ Indication d'une thérapie individuelle

Selon Boisvert[19], le traitement se fait individuellement :
▹ s'il n'y a pas de groupe ;
▹ si le patient refuse car il est trop anxieux ;
▹ si le patient nécessite une prise en charge en thérapie cognitive dans un premier temps ;
▹ si le thérapeute juge que le patient ne peut s'intégrer dans un groupe sans le perturber ;
▹ si le problème du patient très spécifique ne peut être travaillé en groupe.

En entretien individuel, les séances durent le plus souvent une demi-heure et sont organisées sur le modèle d'une thérapie cognitive. Leur déroulement respecte les phases suivantes :
▹ accueil du patient, demande d'informations sur la semaine écoulée et l'utilité de la séance précédente ;

17. Bernstein, D. A. (1973) ; Jacobson, E. (1938) ; Schultz, J. H. (1932).

18. Wolpe, J. (1975).

19. Boisvert, J.M. (1987).

▷ agenda collaboratif pour l'entretien ;
▷ revue des tâches assignées ;
▷ travail en jeu de rôle et vidéo ;
▷ préparation des tâches assignées pour la période entre les consultations ;
▷ récapitulatif de ce qui a été fait en séance, évaluation de l'utilité de la séance par le patient et compte rendu de ce qu'il a pu juger pénible.

Dix consultations sont en général nécessaires pour traiter un problème précis. Il est très important que le patient travaille *le plus souvent possible en jeu de rôle* afin d'expérimenter la méthode plutôt que de lui donner trop d'explications. Les entretiens individuels préparent souvent la participation à un groupe, qui intervient dans un second temps.

▶ Indication d'une thérapie de groupe

Selon notre expérience, la participation à un groupe est *à favoriser le plus possible*. Pour toute une série de raisons :
▷ le groupe est une expérience de socialisation chez des patients isolés et représente une possibilité de rencontres extérieures ;
▷ le groupe est une exposition en réalité aux problèmes du patient ;
▷ l'éventail des interventions possibles est plus grand, avec des possibilités de comparaison directe des différentes expériences, une rétroaction plus riche car partagée avec les autres participants, et des renforcements plus nombreux ;
▷ le progrès des autres est stimulant ;
▷ les patients se sentent rapidement en confiance en groupe ;
▷ les patients font l'expérience que leur problème n'est pas unique, mais se rencontre également chez les autres.

Un groupe thérapeutique est composé de huit à douze participants et est animé par un ou deux thérapeutes. Le plus souvent les participants sont des deux sexes et peuvent présenter ou non un trouble de personnalité. Excepté dans un seul cas (un groupe d'entraînement aux habiletés sociales de patients psychotiques), nous n'avons pas recouru à la constitution de groupe spécifique en fonction du diagnostic posé. Toutes les tranches d'âge et de catégories sociales sont également mélangées sans que cela n'ait posé de problèmes particuliers, d'après notre expérience, jusqu'à ce jour.

Le nombre de séances est de quinze à vingt, réparties sur six à huit mois. Il est important que les premières réunions soient hebdomadaires (sur deux mois au moins).

Chaque séance dure trois heures et comporte une pause café d'une demi-heure. Beaucoup de thérapeutes organisent des réunions de deux heures, voire d'une heure avec efficacité. Les séances de trois heures présentent cependant quelques avantages. Elles permettent d'aborder sans trop se presser les différents problèmes de chacun des patients. La pause café, très importante pour les échanges et la cohésion du groupe, est d'une durée suffisamment longue. Trois heures représentent un temps d'exposition suffisant pour que, la plupart du temps, l'angoisse soit fortement diminuée chez les participants.

Au cours d'une séance de groupe les thérapeutes disposent de trois supports pour appliquer les méthodes thérapeutiques : les tours de table, les jeux de rôle, les films vidéo des jeux de rôle des patients ou des scènes types.

Les thérapeutes ont pour consignes :

▷ de garder un contact individualisé avec chacun des patients;

▷ de favoriser les interactions et identifications entre patients;

▷ d'être actif et de renforcer positivement (les renforçateurs négatifs et aversifs◆ sont « interdits »);

▷ d'aider les patients à se renforcer entre eux;

▷ de donner souvent des modèles plutôt imparfaits;

▷ de ne jamais mettre en échec un patient.

◆ Un renforcement aversif tend à diminuer la fréquence d'un comportement inadapté en le faisant suivre d'une «punition».

Les pièges à éviter sont :

▷ de trop « parler » plutôt que d'aider les patients à acquérir des expériences de réussite et de changement;

▷ de renforcer négativement ou de devenir aversif;

▷ d'entrer en escalade symétrique avec un patient;

▷ de mettre en échec un patient;

▷ d'être « trop brillant » ou « trop performant », ce qui peut décourager les patients, et n'obéit pas à la règle du modèle imparfait;

▷ d'utiliser l'ironie, plutôt que l'humour;

▷ de « convaincre » plutôt que de favoriser l'expérience par le patient;

▷ d'« oublier un patient » dans un tour de table ou pour un jeu de rôle.

Les premières séances ont pour thème l'entraînement à la communication. Les séances suivantes abordent l'affirmation de soi en commençant par les problèmes les plus faciles. Les problèmes les plus difficiles, en général professionnels et/ou familiaux proches ou intimes sont traités lorsque les participants ont déjà acquis des compétences et qu'ils se connaissent mieux.

La restructuration cognitive se fait à partir des situations amenées par les patients, et parfois à l'aide d'un film vidéo présentant des problèmes relationnels types.

Organisation générale de la thérapie : les plans de séance

Plan de la première séance

- Les thérapeutes accueillent les participants, précisent la notion de secret professionnel.
- Les participants font connaissance par paires. Chaque participant présente brièvement au groupe la personne avec laquelle il a fait connaissance. La consigne de bien noter les prénoms des participants est précisée à l'ensemble du groupe. Les thérapeutes donnent beaucoup d'encouragements et demandent à chacun d'évaluer son angoisse sur une échelle de 0 à 10. Ils font bien remarquer les discordances entre le niveau d'angoisse ressenti et les manifestations visibles.
- Si l'angoisse n'est pas trop élevée, en fonction de la manière dont les thérapeutes ont pu « détendre l'ambiance », un second tour de table peut être fait, afin que chacun verbalise les prénoms des participants ; les thérapeutes font également l'exercice.
- Les thérapeutes font une présentation concernant l'angoisse sociale, les différents types de comportements, la communication. Il s'agit d'un cours interactif durant lequel les thérapeutes établissent un contact avec chacun des participants (visuel, sourire, encouragements verbaux). Les thérapeutes favorisent les interactions entre participants et le fait qu'ils reconnaissent que les problèmes de chacun sont similaires. Les thérapeutes font souvent un premier jeu de rôle démonstratif des différents types de comportements.
- Pause café.
- Évaluation des niveaux d'angoisse de chaque participant et de l'utilité pour chacun des explications données (échelle de 0 à 10 pour chaque item).
- Premiers jeux de rôle vidéo, très brefs et sur un thème très simple (par exemple : dire bonjour).
- Les jeux de rôle sont revus en vidéo et les thérapeutes vérifient que les participants regardent. Renforcements positifs nombreux ; il est très important qu'aucun participant ne soit en échec. Dédramatiser l'angoisse en insistant sur les aspects positifs.
- Préparation des tâches assignées : lire *Savoir s'affirmer* sans faire les exercices ; observation chez soi ou chez l'autre de deux comportements affirmés, agressifs et inhibés.
- Dernier tour de table avec évaluation de l'angoisse de 0 à 8 et feedback général.

Plan de la seconde séance

- Accueil des participants, tour de table avec évaluation du niveau d'angoisse et de l'utilité de la dernière séance de 0 à 10.
- Revue des tâches assignées, en favorisant au maximum la participation de chaque membre et en insistant sur les points communs afin que chacun se reconnaisse dans les autres. Cela renforce également la cohésion du groupe (aide mutuelle, sentiment de faire une démarche commune et privilégiée favorisant une certaine complicité). Durant ce premier tour de table, en général assez long, repérage des jeux de rôle (situations, problèmes communs au plus grand nombre de participants).
- Présentation théorique centrée sur « l'analyse de la position de l'autre », rappels et complément sur les points abordés durant la séance précédente (méthode interactive favorisant la participation des membres du groupe ; le thérapeute reste bien en contact avec chaque personne).
- Pause café et évaluation de l'angoisse de 0 à 10.
- Jeux de rôle vidéo.
- Tour de table avec prescription des tâches assignées les plus individualisées possibles et évaluation de l'angoisse de 0 à 10.
- Lire *Savoir s'affirmer* pour ceux qui n'ont pas terminé le livre, auto-observation de ce que chaque participant ressent et pense au cours de situations repérées individuellement pendant la séance et auxquelles ils auront à s'exposer.
- Favoriser les situations d'affirmation de soi simple (demander un renseignement dans la rue ou dans un commerce...) et évaluer les émotions avant, pendant et après l'exercice.
- Analyse de la position de l'autre avec une consigne simple : « si vous vous mettez à la place de la personne en face de vous, que ressentez-vous ? » en insistant sur l'importance d'avoir le maximum de renseignements pour mieux s'affirmer et sur le fait que c'est souvent un bon exercice pour désarmer ses propres sentiments pénibles (colère, irritation, déprime, angoisse...).
- Feed-back général.

Plan d'une séance type

- Accueil des participants et tour de table avec évaluation de l'angoisse et de l'utilité de la séance précédente (par exemple sur une échelle de 0 à 10 pour chaque item).
- Revue des tâches assignées avec évaluation de l'obtention de la chose concrète et de la relation (par exemple sur une échelle de 0 à 10 pour chaque item). Observation des affects avant, pendant et après. (Les patients ne sont jamais mis en échec, nombreux renforcements positifs).
- Repérage des problèmes des participants.
- Explications.
- Pause café.
- Entraînement en jeu de rôle : en général les thèmes seront surtout centrés sur la communication et l'analyse de la position de l'autre dans les premières séances, puis porteront davantage sur l'affirmation de soi et les habiletés sociales par la suite. L'utilisation du *jeu de rôle inversé* est très utile particulièrement dans le cadre de l'analyse de la position de l'autre. Durant les jeux de rôles, évaluer l'angoisse (par exemple sur une échelle de 0 à 10 pour chaque item) et également les émotions agréables (satisfaction, soulagement...).
- Restructuration cognitive en groupe, utilisation des méthodes de thérapie cognitive.
- Préparation la plus individualisée possible des tâches assignées.
- Feed-back général.

CONCLUSION

Ce livre se termine. Il s'est voulu le plus pratique possible. En suivant ses conseils, vous serez de plus en plus à l'aise en société, et cela est très important pour se sentir bien : la relation humaine est probablement indissociable du concept d'identité : rencontrer l'autre c'est se rencontrer soi-même, donc, en général, se sentir bien avec les autres c'est se sentir bien avec soi !

L'application des principes de l'affirmation de soi facilite également une prise de conscience importante : tout le monde se ressemble beaucoup, un peu comme des gouttes d'eau se ressemblent, même si elles ne sont jamais identiques… S'en rendre compte, en analysant la position de l'autre, permet une plus grande ouverture d'esprit, et une meilleure compréhension des personnes qui nous entourent ; cela n'est jamais vraiment mauvais. Je souhaite que vous constatiez la même chose, ce qui, somme toute, rend la vie plus confortable et agréable pour nous-même et nos proches.

J'espère que vous aurez autant de plaisir à pratiquer cette méthode que moi-même j'en ai eu à la découvrir et à la mettre en œuvre… Par la suite, je vous conseille de l'oublier complètement, un peu comme vous avez oublié de quelle manière vous marchez ou parlez. Il y a des choses beaucoup plus importantes dans l'existence que l'affirmation de soi…

La « musique relationnelle » que vous composerez alors n'appartiendra qu'à vous et sera libérée de bon nombre de blocages et malentendus en tout genre. La vie est courte : autant ne pas trop perdre de temps en angoisse, dépression, doute, sentiment d'être persécuté, etc.

Si ce livre ne suffisait pas, n'hésitez pas à consulter un médecin ou un psychologue pratiquant les thérapies comportementales, lequel vous aidera de manière efficace. Vous gagnerez ainsi beaucoup de temps dans la mise en route de la méthode. Les adresses des associations qui pourront vous conseiller sont données en annexe.

Deux ouvrages utiles pour l'affirmation de soi

Les thérapies cognitives,
Jean Cottraux, éditions RETZ.

S'affirmer et communiquer,
Jean-Marie Boisvert et Madeleine Beaudry,
éditions de l'Homme.

Deux adresses utiles

AFFORTHECC,
Association Francophone de Formation
et de Recherche en Thérapie Comportementale et Cognitive,
10 avenue Gantin, 74150 Rumilly, France.
Téléphone : 50 01 49 80, télécopie : 50 64 58 46.

AFTCC,
Association Française de Thérapie Comportementale et Cognitive,
100 rue de la Santé, 75674 Paris, France.
Téléphone : 45 88 35 28, télécopie : 45 89 55 66.

(On peut trouver auprès de cette association
un annuaire des thérapeutes
pratiquant les démarches comportementale et cognitive
et notamment l'affirmation de soi.)

BIBLIOGRAPHIE

AGRAS, W. S., « Treatment of social phobia », *Journal of clinical psychiatry*, 1990, 51 (10, supplement), pp. 52-55.

ALBERTI, R. E., EMMONS, M. L., *Your perfect right*, Impact publishers, 1970, trad. française : *S'affirmer et savoir prendre sa place*, Montréal, Le Jour, 1992.

AMIES, P. L., GELDER, M. G., SHAW, P. M., « Social phobia : a comparative clinical study », *British Journal of Psychiatry*, 1982, 142, pp. 174-179.

ANCELIN-SCHUTZENBERGER, A., *Le jeu de rôle*, Paris, ESF, 1990.

BANDURA, A., *Principle of behavior modification*, New-York, Holt Rinehat Winston, 1969, pp. 175-192.

BANDURA, A., *Social learning theory*, Englewood Cliffs, New-Jersey, Prentice-Hall, 1976, trad. française J. A. Rondal, Bruxelles, Mardaga, 1980.

BARLOW, D. H., DI NARDO, P. A., VERMILYEA, B. B., VERMILYEA, J., BLANCHARD, E. B., « Comorbidity and depression among the anxiety disorders », *Journal of Nervous and Mental Disease*, 1986, 174, pp. 63-72.

BEAUDRY, M., BOISVERT, J. M., *Psychologie du couple, quand la science se met à parler d'amour*, Montréal, Méridien, 1988.

BEAUVOIS, J. L., JOULE, R. « La psychologie de la soumission », *La Recherche*, 19, 202, pp. 1050-1057.

BECK, A. T., RUSH, A. J., SHAW, B. F., EMERY, G., *Cognitive therapy of depression*, New-York, Guilford Press, 1979.

BECK, A. T., WEISSMAN, A. N., *D.A.S. Dysfunctional attitude scale*, trad. française J. Cottraux, *in* BOUVARD, M., COTTRAUX, J., *Protocoles et échelles d'évaluation en psychiatrie et psychologie*, Paris, Masson, (sous presse).

BERNSTEIN, D. A., BORKOVEC, T. D., *Progressive relaxation training, a manual for helping professions*, Champaign, Illinois, 1973.

BISSERBE, J. C., LEPINE, J. P., « Moclobemide in social phobia : a pilot open study », *Clin. Neuropharmacol.*, 1994, suppl 1, pp. 88-94.

BLACK, B., UHDE, T. W., TANCER, M. E., « Fluoxetine for the treatment of social phobia », *Journal of Clin. Psychopharmacol.*, 1992, 12, 4, p. 293.

BLACKBURN, I. M., *Coping with depression*, Edinburgh, Chambers, 1987, pp. 34-40.

BLACKBURN, I. M., COTTRAUX, J., *Thérapie cognitive de la dépression*, Paris, Masson, 1988.

BLACKBURN, I. M., DAVIDSON, K., *Cognitive therapy for depression and anxiety*, Oxford (GB), Blackwell, 1990, pp. 46-61.

BLIAH-MORRA, E., LAMONTAGNE, Y., « L'entraînement à l'affirmation de soi : techniques et applications thérapeutiques », *L'Encephale*, 1978, IV, 7-80.

BOISVERT, J. M., BEAUDRY, M., « Les difficultés interpersonnelles et l'entraînement aux habiletés sociales », *in* FONTAINE, O., COTTRAUX, J., LADOUCEUR, R., *Cliniques de thérapies comportementales*, Bruxelles, Mardaga, 1984, pp. 75-90.

BOISVERT, J. M., BEAUDRY, M., *S'affirmer et communiquer*, Montréal, Éditions de l'Homme, 1979.

BOISVERT, J. M., « Le développement de la compétence sociale, un guide pratique », *Revue de la modification du comportement*, 1987, 17, 3.

BOUVARD, M., COTTRAUX, J., *Protocoles et échelles d'évaluation en psychiatrie et psychologie*, Paris, Masson (sous presse).

BUTLER, G., « Exposure as a treatment for social phobia : some instructive difficulties », *Behavioral Research Therapy*, 1985, 23, 6, pp. 651-657.

CARRASCO, J.L., HOLLANDER, E., SCHNEIER, F.R., LIEBOWITZ, M.R., « treatment outcome of obsessive compulsive disorder with comorbid social phobia », *J. Clin. Psychiatry*, 1992, 53, 11, pp. 387-391.

CHALVIN, D., *L'affirmation de soi*, Paris, ESF, 1989.

CHAMBON, O., COTTRAUX, J., MARIE-CARDINE, M., LELORD, F., « Le module "Éducation au traitement des neuroleptiques" de R.P. Liberman », *Actualités psychiatriques*, 1989, 7, pp. 86- 95.

CHAMBON, O., FAVROD, J., YAMAMOTO, T., MARIE-CARDINE, M., « Réadaptation sociale, qualité de vie et amélioration des habiletés relationnelles des psychotiques chroniques : le module habiletés élémentaires de conversation », *Journal de thérapie comportementale et cognitive*, 1993, 3, 3, pp. 78 - 83.

CHAMBON, O., MARIE-CARDINE, M., *La réadaptation sociale des psychotiques chroniques*, Paris, PUF, 1992.

COTTRAUX, J., *Les thérapies comportementales et cognitives*, 2e édition, Paris, Masson, 1995.

COTTRAUX, J., BOUVARD, M., LEGERON, P., *Methodes et échelle d'évaluation des comportements*, Issy les Moulineaux, France, Édition de psychologie appliquée, 1985.

COTTRAUX, J., GAUTHIER, S., DE BECHELLI, C., « Les techniques d'affirmation de soi. État actuel du problème. Premiers résultats d'un travail portant sur 10 cas. », *Actualités psychiatriques*, 1977, 1, pp. 29-37.

COTTRAUX, J., *Les thérapies cognitives*, Paris, Retz, 1992.

COTTRAUX, J., *Les thérapies comportementales*, Paris, Masson, 1979, pp. 106-119.

CUNGI, C., « Thérapie de groupe de patient souffrant de phobie sociale ou de troubles de personnalité », *journal de thérapie comportementale et cognitive*, Paris, Masson, 5, 2, pp. 45 - 55, 1995.

D'ZURILLA, T.J., GOLDFRIED, M.R., « Problem solving and behavior modification », *Journal of abnormal psychology*, 1971, 78, pp. 107 - 126.

DAVIDSON, J.R.T., TUPLER, L., POTTS, N.L.S., « Treatment of social phobia with benzodiazepines », *J. Clin. Psychiatry*, 1994, 55 (6 suppl.) pp. 28 - 32.

DEN BOER, J.A., VAN VLIET, I.M., WESTENBERG, H.G., « Recent advances in the psychopharmacology of social phobia », *Prog. Neuropsychopharmacol. Biol. Psychiatry*, 1994, 18, 4, p. 625.

DSM-3 Diagnostic and statistical manual of mental disorders, troisième édition, American psychiatric Association, 1980.

DSM-3-R Diagnostic and statistical manual for mental disorders, édition révisée, American psychiatric Association, 1987.

DSM-3-R Diagnostic and statistical manual of mental disorders, third edition revised, trad. française coordonnée par J.D. Guelfi, *DSM-3-R critères diagnostiqués*, Paris, Masson, 1989.

EBLIAH - MONA - LAMONTAGNE, Y., *L'entraînement a l'affirmation de soi : techniques et applications thérapeutiques*, l'Encephale, 1978, IV, pp. 7 - 80.

ECKMAN, T.A., LIBERMAN, P., « Déficit et entraînement aux compétences sociales : l'approche cognitive et comportementale », *Psychologie médecine*, 1991, 23-11, pp. 1291 - 1298.

ELLIS, A., *Reason and emotion in psychotherapy*, New-York, Lyle Stuart, 1962.

EYSENCK, H.J., EYSENCK, S.B.G., *Manual for the Eysenck personality inventory*, Educational and Industrial testing service, San Diego california, 1968, trad. française par K. Ganansia, Paris, Éditions du centre de psychologie appliquée, 1971.

FANGET, F., CHAMBON, O., « Groupe d'affirmation de soi. Méthodologie, résultats », *Journal de thérapie comportementale et cognitive*, Paris, Masson, 1994, 4,4, pp.116 - 126

FAVROD, J., « Compétence sociale et réhabilitation des patients schizophrènes, expérience américaine », *Cahiers psychologiques Genevois*, 1987, 3, pp. 93 - 101.

FAVROD, J., BARRELET, L., « Efficacité de l'entraînement aux habiletés sociales avec les personnes atteintes de schizophrénie », *Journal de thérapie comportementale et cognitive*, 1993, 3, pp. 84 -94.

FONTAINE, O., COTTRAUX J., LADOUCEUR, R., *Cliniques de thérapie comportementale*, Liège, 1984, pp. 12 - 15.

FONTAINE, O., YLIEFF, M., « Analyse fonctionnelle et raisonnement expérimental », *Journal de thérapie comportementale*, 1981, III, pp. 119-130. Repris dans FONTAINE, o., COTTRAUX, J., LADOUCEUR, R., *Cliniques de thérapie comportementale*, Liège, 1984, pp.12-15.

GELERNTER, C. S., UHDE, T.W., CIMBOLIC P., et al., « Cognitive behavioral and pharmacological treatments for social phobia : a controlled study. » *Arch. Gen. Psychiatry*, 1991, 48, pp. 938 - 945.

GORDON, T., *Parents efficaces*, trad. J. Roy et J. Lalanne, Montréal, Édition du Jour, 1976, Paris, Marabout, 1990.

GREENBERG, D., STRAVYNSKI, A., « Social phobia », *British journal of psychiatry*, 1983, pp. 143-256.

GUERIN, J., BOUVARD, M., COTTRAUX, J., SECHAUD M., « L'affirmation de soi en groupe dans les phobies sociales et les troubles de personnalité ; etude de 93 cas », *Journal de thérapie comportementale et cognitive*, 1994, 4, 4, pp. 108- 115.

HALEY, J., *Tacticien du pouvoir*, Paris, ESF, 1984.

HEIMBERG, R.G., JUSTER, H.R., « Treatment of social phobia in cognitive-behavioral groups », *Journal of clinical psychiatry*, 1994, 55, 6, pp. 38 - 46.

HEIMBERG, R.G., BARLOW, D.H., « Psychosocial treatment of social phobia », *Psychosomatics*, 1988, 29, pp. 27-37.

HEIMBERG, R.G., HOPE, D.A., DODGE, C.S., BECKER, R.B., « DSM-3 subtypes of phobia, comparison of generalised social phobics and public speaking phobics », *Journal of mental and nervous disease*, 1990, 178, 3, pp. 172-178.

HOLLON, D., KENDALL, P., « Cognitive self self thoughts in depression. Development of an automatic thoughts questionnaire », *Cognitive therapy and research*, 1980, 40, 4, pp. 383 - 395.

JACOBSON, E., *Progressive relaxation*, Chicago, University of Chicago Press, 1938.

JOULE, R.V., BEAUVOIS, J.L., *Petit traité de manipulation à l'usage des honnêtes gens*, Presse universitaire de Grenoble, 1987.

KINCANNON, J.C., « Prediction of the standard M.M.P.I. scale sore from 71 items : the mini-mult », *Journal of consulting and clinical psychology*, 1968, 32, pp. 319 - 325, trad. française par J. Perse et M.O. Lebeaux, Paris, Édition du centre de psychologie appliquée, 1977.

LAZARUS, A.A., *Multimodal behavior therapy*, New-York, Springer, 1976 *in* COTTRAUX, j., *Les thérapies comportementales*, Paris, Masson, 1979, pp.68-69, repris dans *Les thérapies comportementales et cognitives*, Paris, Masson, 1990 et 1995.

LEGERON, P., « Développement de la compétence sociale chez les schizophrènes », *in* FONTAINE, O., COTTRAUX, J., LADOUCEUR, R., *Cliniques de thérapies comportementales*, Bruxelles, Mardaga, 1984, pp. 173 - 183.

LEGERON, P., « L'affirmation de soi », *Soins psychiatriques*, 1987, 79, pp. 25 - 31.

LIBERMAN, R.P., *Psychiatric réhabilitation of chronic mental patients*, Washington D.C., American psychiatric Press, 1988.

LIEBOWITZ, M.R., CAMPEAS, R., LEVIN, A., SANDBERG, D., HOLLANDER, E., PAPP, L., « Pharmacotherapy of social phobia », *Psychosomatics*, 1987, 28, 6, pp. 305-308.

LIEBOWITZ, M.R., GORMAN, J.M., FYER, A.J., KLEIN, D.N., « Social phobia, review of a neglected anxiety disorders », *Arch. Gen. Psychiatry*, 1985, 42, pp. 729-736.

LIEBOWITZ, M.R., SCHNEIER, F.R., CAMPEAS, R. and al., « Phenelzine versus atenolol in social phobia, a placebo controlled comparison », *Archive general of Psychlatry*, 1992, 49, pp. 290 - 300.

MARGOLIN, G., « Marital therapy : a cognitive-behavioral-affective approach », *in* JACOBSON, N.S., *Psychotherapists in clinical practice*, New-York, Guilford Press, 1987, pp. 232 -283.

MARKS, I., MATHEWS, M., « Brief self rating for phobic patients », *Behaviour resource and therapy*, 1979, 17, pp. 163 - 267.

MARKS, I.M., GELDER, M.G., « Different ages of onset in varieties of phobia », *American journal of Psychiatry*, 1966, 123, pp. 218-221.

MARKS, I.M., « The classification of phobic disorders », *British journal of Psychiatry*, 1970, 116, pp. 377-386.

MARLATT, J.A., GORDON, J.R., *Relapse prevention*, New-York, Guilford Press, 1985.

MARSHALL, R.D., SCHNEIER, F.R., FALLON, B.A., FEERICK, J., LIEBOWITZ, M.R., « Medication therapy fors social phobia », *J. Clin. Psychiatry*, 1994, 55, suppl.

MATTICK, R.P., PETERS, L., CLARKE, J.C., « Exposure and cognitive restructuring for social phobia, a controlled study », *Behaviour therapy*, 1989, 20, pp. 3-23.

MEICHENBAUM, D., « Cognitive behavior modification », *in* PENCE, J.T., CARSON, R.C., THIBAUT, J.W., *Behavioral approches to therapy*, Morristown, General learning Press, 1976, pp. 275 - 294.

MINUCHIN, S., *Family therapy techniques*, Cambridge Massachussets, Harvard University Press, 1981, pp. 28 - 49.

MYERS, J.K., WEISSMAN, M.M., TISCHLER, G.L., HOLZER, C.E., LEAF, P.J., ORVASCHEL, H., ANTHONY, J.C., BOYD, J.H., BURKE, J.D., KRAMER, M., STOLZMAN, R., « Six month prevalence of psychiatric disorders in three communities », *Archive general of psychiatry*, 1984, 41, pp. 959-967.

Note I. Communication aux journées de l'association française de thérapie comportementale et cognitive, 1993.

OST, L.G., JERREMALM, A., JOHANSSON, J., « Individual response patterns and the effects on different behavioral methods in the treatment of social phobia », *Behavioural research therapy*, 1981, 19, pp. 1-16.

PERUGI, G., SIMONINI, E., SAVINO, M., MENGALI, F., CASSANO, G.B., AKISKAL, H.S., « Primary and secondary social phobia », *Comprehensive psychiatry*, 1990, 31, 3, pp. 245-252.

PLATT, J.J., MC KIM, P., HUSBAND, D., *Training in interpersonal problem - solving, trainer's manual*, Philadelphia, Division of addiction research and treatment, Hahneman University, 1990.

RATHUS, S.A., « A thirty item schedule for assessing assertive behavior », *Behavior therapy*, 1973, 4, pp. 298 - 406.

REICH, J., YATES, W., « Family history of psychiatric disorders in social phobia », *Comprehensive psychiatry*, 1988, 29, pp. 72-75.

ROGERS, C., *Le développement de la personne*, Paris, Dunod, 1966.

ROGNANT, J., *La thérapeutique de déconditionnement dans les névroses*, Paris, Masson, 1970.

SCHNEIER, F.R., CHIN, S.J., HOLLANDER, E., LIEBOWITZ, M.R., « Fluoxetin in social phobia », *J. Clin. Psychopharmacol.*, 1992, 12, 1, p. 62.

SCHNEIER, F.R., JOHNSON, J., HORNIG, C.D. et coll. « Social phobia : comorbidity and morbidity, an epidemiologic sample », *Arch. Gen. Psychiatry*, 1992, 49, pp. 282 - 288.

SCHNEIER, F.R., SAOUD, J.B., CAMPEAS, R., FALLON, B.A., HOLLANDER, E., COPLAN, J., LIEBOWITZ, M.R., « Buspirone in social phobia », *J. Clin. Psychopharmacol.* 1993, 13, 4, p. 251.

SCHULTZ, J.H., *Le training autogène (1932)*, Paris, PUF, 1968.

SELIGMAN, M.E.P., « Phobias an preparedness », *Behavior therapy*, 1971, 2, pp. 307 - 320.

SHANNON, C., WEAVER, W., *The mathematical theory of communication*, Urbana-Champaign Illinois, University of Illinois Press, 1949, trad. française *La théorie mathématique de la communication*, Paris, Retz, 1975.

SHAW, P., « A comparison of three behaviour therapy in the treatment of social phobia », *British journal of Psychiatry*, 1979, 134, pp. 620-623.

SKINNER, B.F., *About behaviorism*, London, Jonathan Cape, 1974.

SPIELBERGER, C.D., GORSUCH, R. L, LUSHENE R.E., *Manual for the state-trait anxiety inventory*, Palo-alto, Consulting psychologist Press Inc., 1983, trad. française M. Bruchon-Schweitzer, Paris, Édition du Centre de psychologie appliquée, 1993.

STEIN, M.B., TANCER, M.E., GELERNTER, C.S., VITTONE, B.J., UHDE, T., « Major depression in patient with social phobia », *American journal of Psychiatry*, 1990, 147, pp. 637-639.

STRAVYNSKY, A., MARKS, I., YULE, W., « Social skills problems in neurotic outpatients », *Arch. Gen. Psychiatry*, 1982, 39, pp. 1378-1385.

TURNER, S.M., BEIDEL, D., TOWNSLEY, R.M., « Social phobia, relationship to shyness », *Behaviour research and therapy*, 1990, 28, 6, pp. 497-505.

TURNER, S.M., BEIDEL, D.C., DANCU, C.V., KEYS, D.J., « Psychopathology of social phobia and comparison to avoidant personality disorder », *Journal of abnormal psychology*, 1986, 94, 4, pp. 389-394.

VAN AMERIGEN, M., MANCINI, C., STYAN, G., DONISON, D., « Relationship of social phobia with other psychiatric illness », *Journal of affective disorders*, 1991, 21, pp. 93-99.

VAN AMERIGEN, M., MANCINI, C., STREINER, D.L., « Fluoxetin efficacy in social phobia », *J. Clin. Psychiatry*, 1993, 54, 1, pp. 27 - 32.

VIALA, H., RIVIERE, B., « L'affirmation de soi en dispensaire et à l'hopital psychiatrique », *Perspectives psychiatriques*, 1976, 58, pp. 313 - 316.

WATZLAWICK, P. et coll., *Une logique de la communication*, Paris, Le Seuil, 1972.

WOLPE, J., *The practice of behavior therapy*, Pergamon Press, 1973, trad. française J. Rognant, Paris, Masson, 1975, pp. 77-90.

WOLPE, J., *Pratique de la thérapie comportementale*, Paris, Masson, 1975.

Conception et réalisation de la mise en page :
Studio Primart

Achevé d'imprimer sur les presses de l'imprimerie Carlo Descamps
à Condé-sur-l'Escaut en mars 1998
N° d'imprimeur : 98075
N° d'éditeur : 758
N° de projet : 10045839 - (V) - (12) -BSBM 80